SOUVENIRS

ET

IMPRESSIONS D'UN PÈLERINAGE

A LA SALETTE

PAR

M. l'abbé Édouard BARTHE

CHANOINE HONORAIRE DU DIOCÈSE DE RODEZ.

CET OPUSCULE SE VEND AU PROFIT

DU SANCTUAIRE DE LA SALETTE

PARIS

NOUVELLE LIBRAIRIE CATHOLIQUE,

Victor SARLIT, Libraire-Éditeur,
Rue Saint-Sulpice, 25.

SAINT-AFFRIQUE

J. MAUREL, Imprimeur-Libraire.

1859

SOUVENIRS

ET

IMPRESSIONS D'UN PÈLERINAGE

A LA SALETTE.

Propriété de l'auteur.

Limoges. — Imp. DUCOURTIEUX et Cie,

SOUVENIRS

ET

IMPRESSIONS D'UN PÈLERINAGE

A LA SALETTE

PAR

M. l'abbé Édouard BARTHE

CHANOINE HONORAIRE DU DIOCÈSE DE RODEZ

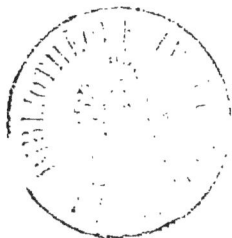

PARIS

NOUVELLE LIBRAIRIE CATHOLIQUE,

Victor SARLIT, Libraire-Éditeur,

Rue Saint-Sulpice, 25.

SAINT-AFFRIQUE

J. MAUREL, Imprimeur-Libraire.

1859

SOUVENIRS & IMPRESSIONS

D'UN PÈLERINAGE

A LA SALETTE.

———————— ◉ ————————

Quand on a du bonheur et qu'on aime
ses frères, on voudrait bien le leur faire
partager. Qu'il me soit donc permis de leur
dire que j'en ai trouvé dans le pèlerinage
de la Salette, et de chercher à leur donner
l'envie d'en jouir eux-mêmes, en leur communiquant, avec toute la simplicité, tout l'a-
bandon d'une causerie, mes souvenirs et impressions. S'ils prennent la peine de jeter les
yeux sur ce que leur adresse un cœur ami,
et que mes humbles feuilles ne soient pas assez heureuses pour leur faire le bien qui est
l'objet de mes vœux, peut-être serviront-
elles, du moins, à réveiller en eux quelque
sentiment de foi et d'amour envers notre

1

céleste Mère, à qui tout chrétien doit une si grande reconnaissance, qu'il ne saurait lire sans quelque intérêt des pages écrites pour sa gloire.

J'ai donc fait le pèlerinage de la Salette. Pourquoi celui-là plutôt qu'un autre, parmi tant de sanctuaires de Marie si vénérables, si justement chers à la piété catholique? D'abord, un sentiment de reconnaissance m'y conviait, et je ne sais pas être ingrat. Puis, je l'avoue sans détour, en l'absence de ce motif, j'aurais toujours donné la préférence à Notre-Dame-de-la-Salette, en France du moins; car, en Italie, Lorette l'aurait emporté dans mon choix. Parmi tous les pèlerinages les plus fréquentés et les plus dignes de l'être (celui de Lorette excepté), je n'en connais pas un seul qui puisse offrir des titres semblables à la foi, à la confiance, à la dévotion des fidèles; non, pas un seul qui présente, comme celui-là, des preuves authentiques, contemporaines, longuement, savamment, théologiquement et philosophiquement discutées; des preuves logiquement démonstratives d'une Apparition de Marie en plein jour et en plein soleil, s'adressant, par l'entremise

de deux témoins qui se contrôlent l'un
l'autre, à tout un peuple, au peuple qui
marche à la tête de la civilisation moderne ;
des preuves rigoureusement canoniques
d'une Apparition qui a suscité, au sein des
lumières du XIXᵉ siècle, l'opposition la plus
violente, « des contradictions incomparables, » comme l'a dit si bien M. Louis Veuil-
lot (1), et qui a fondé, au milieu de toutes
ces tempêtes, le sanctuaire le plus fréquenté
qui soit en France par des pèlerins venus
des pays les plus divers et les plus éloignés.
Que celui de mes lecteurs qui ne partage-
rait pas ma conviction à cet égard veuille
bien produire au grand jour de la discus-
sion les titres pareils de quelque autre pèlerinage, s'il en découvre quelque part, et
je suis prêt à me rendre à la vérité connue ;
mais, jusque-là, je crois pouvoir et devoir
maintenir que, de tous les sanctuaires français de Marie les plus anciens et les plus
célèbres, il n'en est pas un seul dont l'origine
céleste soit *scientifiquement* établie comme
celle du pèlerinage de la Salette, pas un
dont l'origine porte un semblable carac-

(1) *L'Univers*, 28 août 1858.

tère de grandeur et d'intérêt national.

J'ai voulu justifier ma préférence par le même motif qui m'a fait adopter la forme sous laquelle je présente mes souvenirs et impressions. N'écrivant que pour mieux faire connaître et apprécier ce pèlerinage, pour inspirer au lecteur le désir de le faire, et l'aider à l'accomplir de manière qu'il en ressente lui-même une heureuse impression et en conserve longtemps un doux souvenir, je dois tout subordonner au but que je me propose d'atteindre. Voilà pourquoi je renferme tout ce que j'ai à lui dire dans ces trois pensées, qui sont aussi mes vœux :

Faites le pèlerinage de la Salette ;

Faites-le chrétiennement ;

Faites-le pieusement.

I.

N'iriez-vous à la Salette que pour jouir d'aspects imposants qui élèvent l'âme, qui font sentir la terre petite, bien petite, Dieu bien grand ; ou pour trouver un ensemble d'objets capables de réveiller, de raviver le sentiment religieux, certes, votre attente ne serait pas déçue. Impossible là-haut, de se voir à près de deux mille mètres au-dessus du niveau de la mer, sans que l'esprit et le cœur montent vers les cieux. — Impossible de contempler quelques instants la croix qui est plantée sur l'éminence par laquelle le plateau se termine au midi, cette grande croix blanche dont les bras semblent enlacer l'immense horizon, tandis

1.

que, à ses pieds, d'immenses régions inférieures semblent s'incliner par respect et
adorer son empire ; oui, impossible de la
contempler sans que quelque chose de chrétien se remue au fond de l'âme, et la rap-
proche de son Sauveur et de son Dieu. —
Impossible de n'être pas plus ou moins
frappé de rencontrer, au haut de cette vaste
solitude gazonnée, mais où l'œil ne découvre nulle part le plus petit arbrisseau, une
magnifique église romane (1) que, dans ce
désert, on dirait bâtie de la main des anges,
si l'oreille n'y entendait encore le bruit du
ciseau et du marteau de la main de l'homme
qui en poursuit l'achèvement ; monument
vraiment digne de la piété catholique, et
dont la pensée eût été humainement irréa-
lisable, si la Providence, pour qui « mille
» années sont comme un seul jour (2), » n'eût
ménagé dans les flancs du mont Gargas la
belle carrière de marbre noir veiné qui en
fournit les précieux matériaux. — Impossible de regarder d'un œil froid la jolie
chapelle de l'Assomption, également roma-

(1) On en trouvera la description à la fin de cet
opuscule. — (2) II Pier., III, 8.

ne, sise sur l'axe de la grande église, à
trente mètres environ, et dont le milieu du
troisième degré extérieur, à l'ouest, marque
l'endroit de la disparition de Marie. — Impossible de ne pas éprouver quelque chose
d'insolite en descendant la rampe sinueuse
qui, de là, conduit à la merveilleuse fontaine, et le long de laquelle quatorze croix
blanches, en dessinant les pas de la Très-
Sainte Vierge, désignent les quatorze stations du *Via crucis*. — Non, tout ce spectacle, agrandi par des montagnes verdoyantes
qui, littéralement, cachent parfois leurs
têtes dans les nues, et couronné souvent
par un beau ciel, beau comme le ciel de
l'Italie, n'est pas sans voix pour le cœur le
moins bien disposé : pour peu qu'on soit
chrétien, il impose, il émeut plus ou moins ;
et l'on ne saurait descendre du plateau de
la Salette comme on y était monté (1).

(1) Les leçons mêmes de la mort, qui nous ap-
« prend si bien à juger des choses (*Eccli.*, XLI, 3),»
ne manquent pas à la Salette. Au nord de la chapelle de l'Assomption, et à une centaine de mètres,
on trouve la tombe d'une dame vraiment chrétienne, qui avait demandé à Marie de lui obtenir la

Combien plus y est-on dominé par un
sentiment religieux, même profond, quand
on voit l'affluence quotidienne des pèlerins
sans nombre qui accourent des lieux les
plus lointains, et dans les rangs desquels
toutes les conditions se confondent : prêtres, laïques, riches, pauvres, hommes ins-
truits, distingués, officiers, magistrats, ou-
vriers des plus humbles professions (1).
Combien plus encore, quand on voit la touchante piété qui anime cette affluence,
quand on voit la foi et la dévotion s'épa-
nouir sur le front des hommes du monde,
qui, là, ne craignent point de suivre à ge-

grâce de mourir sur la sainte montagne; et un peu
plus haut, à gauche, celle d'un pieux missionnaire, qui a eu le bonheur de passer de ce monde
à l'autre au milieu des saints labeurs de son mi-
nistère. « A quiconque a des oreilles pour enten-
» dre (*Matth.*, XI, 15), » ces deux tombes ne di-
sent-elles pas bien haut : « Heureux les morts qui
» se sont endormis dans le Seigneur! » (*Apoc.* X,
IV, 13.)

(1) En 1858, du mois du mai au 24 juillet, plus
de deux cent cinquante prêtres de divers diocèses
de France et de l'étranger avaient déjà fait le pèlerinage de la Salette.

noûx les pas du Sauveur allant au Calvaire, en suivant les pas de Marie depuis la fontaine jusqu'au lieu de sa disparition.

Mais, longtemps même avant de commencer l'ascension de la montagne de la Salette, vous rencontrerez bien des aspects qui ne vous laisseront pas insensible (1). Aimez-vous le gracieux, plein de vie et de richesse, couronné par le grandiose? En partant de Grenoble pour Vizille, d'où vous irez à La Frey, puis à La Mure, puis enfin à Corps, vous verrez s'étaler à vos regards tout le charme du plus beau paysage, le long d'une magnifique allée d'arbres qui, sur quatre lignes droites parallèles, ombragent la route durant près d'une heure (2); vos yeux

(1) Il convient de faire le pèlerinage dans le courant de la belle saison : de la Toussaint jusqu'à la fin de mars, l'accès de la sainte montagne est difficile, parfois même impossible.

(2) Cette allée, qui forme la plus belle avenue de France, s'étend jusqu'au célèbre pont de Claix, dont l'arche unique, de 46 mètres d'ouverture sur 16 d'élévation, fut construite vers 1635, par le connétable de Lesdiguières. En quittant Grenoble pour s'acheminer vers Vizille, on voit à droite le beau

étonnés pourront contempler, en plein soleil de juillet, l'éclat lointain de la neige sur
les cimes des montagnes qui dominent le
tableau en s'élançant, ce semble, comme des
géants dans les airs ; et, pour peu que vous
ayez la foi, de votre cœur saisi et de vos
lèvres émues s'échappera vers Dieu l'hymne
de l'admiration et de la louange.

Après Vizille, quand vous aurez gravi la
côte longue et raide qui monte vers La
Frey, vous trouverez à gauche, sur la route
de La Mure, un premier lac dont les eaux
limpides et bleues réfléchissent délicieuse-
ment les rayons du soleil, et que vous aurez le plaisir de contempler à vos pieds,
près de trois quarts d'heure ; plus loin, un
second ; plus loin encore, un troisième : l'un
et l'autre, toutefois, moins dignes de votre
attention, captivée déjà par l'étendue plus

petit Séminaire du Rondeau, et on traverse le
Cours, promenade entourée d'eau, tracée en
rond par une double rangée de platanes et de til-
leuls, et divisée en trois voies : celle du milieu,
qui est la plus large et qui est pavée, sert aux voi-
tures ; les deux autres offrent un délicieux ombrage
aux piétons.

considérable du premier (1). Et quand, après avoir traversé La Mure et avoir continué votre route assez longtemps encore, vous approcherez de Corps, levez la tête, regardez bien ces monts si élevés, si majestueux ; c'est là qu'est la Salette, et vous allez toucher le pied de la sainte Montagne.

De Grenoble à Corps, vous aurez eu peut-être à courir quelque danger dont vous ne vous serez pas aperçu. Marie, du haut du ciel, vous gardait, et il n'y aurait pas eu lieu de vous en inquiéter. Peut-être aussi aurez-vous eu à subir quelque incident de voyage tout à fait propre à brusquer l'enchantement d'un touriste ou à interrompre la pieuse méditation d'un pèlerin ; mais ici vous n'êtes pas bien sûr que quelque autre légère déconvenue ne vous attende. Aurez-vous place dans l'un des deux hôtels de Corps, si vous y arrivez un peu tard ? C'est possible, c'est même probable ; toutefois, il

(1) Le troisième n'est séparé du second que par une étroite langue de terre. Du premier sort un ruisseau qui se dirige vers Vizille, et tombe dans la Romanche ; le second et le troisième se déchargent par un ruisseau qui court vers La Mure.

est possible aussi que vous ayez la nuit à
passer sur une modeste chaise, comme une
dame de Lyon, qui arriva le 22 juillet dernier à Corps, quelques heures après la voi-
ture dans laquelle j'y étais arrivé moi-
même en compagnie de nombreux pèlerins.
Si vous avez le bonheur d'être pieux, vous
aimerez à vous souvenir de Marie et de Joseph qui, à Bethléem, « ne trouvèrent place
dans aucune hôtellerie (1), » n'obtinrent
pas même un chaise. Sinon, j'aime à penser qu'en bon Français vous vous résignerez
sans humeur ; que vous prendrez même
gaîment ce désagrément accidentel, dont
vous serez dédommagé le lendemain à la
Salette, où vous trouverez un logement
très convenable, et bien mieux, infiniment
mieux encore, j'en ai pour vous la douce
espérance.

Du reste, vous en aurez été déjà bien dédommagé par la politesse exquise et toute
chrétienne avec laquelle on aura fait pour
vous, à Corps, tout ce qu'on pouvait faire.
Ce bourg, chef-lieu de canton, qui n'a d'autre importance que celle d'avoisiner la sain-

_____

(1) Luc, II, 7.

te Montagne, et d'abriter, pendant quelques heures, les innombrables pèlerins, se ressent de la proximité du sanctuaire de Marie; là on commence à se trouver à la Salette, et la charité y revêt les formes aimables qui sont comme la fleur de ce beau fruit du ciel.

Maintenant, il s'agit de monter, de faire la longue et scabreuse ascension. Je ne vous dirai pas : N'ayez pas peur, fussiez-vous même une femme délicate et timide; car, si la peur arrive jusqu'à Corps, il lui est défendu d'aller plus loin. J'ai vu là cette même dame dont je viens de parler, qui, étant souffrante et tout à fait incapable de faire trente pas à pied, se lamentait au moment du départ, tremblait de tous ses membres à la pensée d'avoir à se hisser sur le dos d'un mulet, elle qui n'avait essayé jamais aucune espèce de monture. A peine se fût-elle mise en route, que le calme succéda au trouble, la confiance aux angoisses de la crainte; et, arrivée au sommet, elle s'étonnait elle-même du sang-froid avec lequel elle avait pu braver le danger. Est-ce trop dire, le danger? Quand on regarde à droite, en escaladant (c'est le mot en plus d'un endroit), la haute montagne, et que le stupide mulet semble prendre plaisir à vous faire mesurer de l'œil toute la profondeur du précipice dont il côtoie le bord avec une sorte d'obstination, la tête naturellement devrait tourner, le cœur battre des plus vives appréhensions. Pourquoi n'en est-il rien? C'est le secret de la Providence, et de la bonne Vierge qui veille, d'un œil de mère, sur ses chers pèlerins, et dont le regard protecteur verse la confiance dans leur âme. Comment pourrait-on méconnaître ici la protection du Ciel, quand on sait que, depuis plus de douze ans, les visiteurs affluent à la Salette, et qu'au dire de tous les pèlerins, aucun fâcheux accident n'est arrivé à ceux qui ont fait l'ascension de la sainte Montagne? On s'est égaré en la gravissant de nuit; on est tombé le long des sentiers tortueux, quelques-uns même ont roulé plus ou moins avant dans le précipice; d'autres, en hiver, se sont perdus et enfoncés dans les neiges amoncelées en certains endroits; il n'y a pas eu néanmoins un seul malheur à déplorer.

Mais si, par exception, vous n'aviez pas le bonheur de partager le calme et la sé-

curité des innombrables pèlerins qui vous
ont précédé dans ce saint voyage, l'ascension à pied n'a rien qui puisse effrayer même
une complexion moins qu'ordinaire. On
voit souvent cette ascension tentée, heureusement exécutée par des femmes dont les
pieds délicats ne foulent habituellement que
des tapis soyeux, et qui, pour la première
fois de leur vie, affrontent hardiment, par
amour pour Dieu et la divine Vierge, la
longueur, la fatigue, les rudes aspérités de
la sainte Montagne. Et si, réduit par une or-
ganisation frêle, débile, à ne pouvoir monter à pied, vous aviez encore besoin d'exem-
ples capables de vous donner du cœur pour
essayer l'ascension à dos de mulet, je vous
dirais que bien d'autres femmes, non moins
ferventes, mais d'une nature épuisée par la
maladie, traînant avec peine un corps usé
par la souffrance, n'hésitent pas à se faire
placer sur un semblant de selle anglaise,
et bravent résolument le roulis saccadé de
la monture alpestre qui chemine à pas lents,
et ne ménage pas les secousses à la voya-
geuse infirme et dolente, dont la bouche
n'exhale pas une seule plainte, et dont le
cœur offre généreusement à Jésus, par

Marie, son « bouquet de myrrhe (1). »

Montez donc, sans crainte aucune, avec une douce confiance; honorez, au moins d'un regard de respect, la chapelle du martyr saint Sébastien près de laquelle vous passerez, avant le hameau des Ablandins; puis celle de sainte Anne, au hameau d'Orcières; puis celle de Notre-Dame-des-Sept-Douleurs, au village de la Salette : trois petits et modestes monuments de piété, qui semblent placés là, de distance en distance, pour rappeler au pèlerin qu'il accomplit un saint voyage. Et quand vous approcherez du but, retournez-vous un instant, plongez le regard vers les lieux qui sont déjà si fort au-dessous de vous : quel touchant spectacle! les pèlerins partis de Corps après vous cheminent lentement sur vos traces; serpentant comme les anneaux mouvants mais détachés d'une même chaîne, qui monte en formant de pittoresques sinuosités dans ses évolutions, et vous présente de charmantes variétés de costumes, depuis la simple veste du guide campagnard, jusqu'à l'élégante redingote du riche voyageur; depuis la robe

(1) Cant., I, 12.

de bure grossière et le bonnet de toile blanche de l'humble villageoise, jusqu'à la soie,
au cachemire de la grande dame opulente :
le tout, souvent, tranché par la noire sou-
tane et le chapeau grave du prêtre.

Quand enfin la voix du guide, silencieux
d'ordinaire, vous annoncera soudain le plateau et le sanctuaire de Notre-Dame-de-la-
Salette, faudra-t-il vous dire : Regardez,
soyez heureux?... Ah! si dans votre poitrine vous portez un cœur d'enfant pour la
divine Marie, quelle ne sera pas votre émotion! Il est plus facile de le sentir que de
le dire : on ne touche pas, après un long et
plus ou moins pénible voyage, au terme de
ses vœux, on ne salue pas la demeure chérie d'une tendre Mère, sans que les plus doux
et les plus vifs sentiments s'éveillent au
fond de l'âme, et remuent tout notre être
dans ce qu'il a de plus intime.

Vous n'êtes, au reste, qu'au commence-
ment de vos joies : avancez, entrez dans la
maison que vous avez en face, et qui reçoit
les hommes; ou si vous appartenez au sexe
qui a donné au monde un Sauveur, passez
derrière le chevet de l'église, pour entrer
dans celle qui est à l'opposite de la pre-

mière et qui, communiquant comme celle-ci avec le saint temple, semble même en faire partie, comme si la Reine du ciel voulait, en quelque sorte, faire à ses chers pèlerins les honneurs de son propre palais. Entrez, tout va vous parler au cœur, vous plaire, vous toucher : le religieux silence de la maison, l'accueil gracieux, la charité pleine de prévenance et de douceur dont vous serez l'objet, et ce reflet de bonheur calme et pur qui resplendit sur les visages, et par-dessus tout ce sentiment intime que vous êtes enfin sur la terre sainte de Marie, et que c'est Elle qui vous abrite sous l'aile de sa tendresse maternelle (1).

(1) Je parle de ce que j'ai remarqué dans la maison des pieux Missionnaires où sont reçus les hommes ; j'ai été vraiment charmé de l'aménité, de l'amabilité, je dirai presque du bon ton naïvement gracieux que l'on trouve même chez les jeunes gens employés au service des pèlerins. A coup sûr c'est de même, et mieux encore chez les bonnes sœurs de la Providence qui reçoivent les femmes : elles se montrent tout-à-fait dignes de leur beau nom et se distinguent par cette modestie, cette humble mais gracieuse réserve, cette douceur délicate qui caractérisent la vierge chrétienne vouée à Dieu.

Ajoutons que bientôt vous trouverez ici
autant d'agréables connaissances que de
pèlerins, et qu'il va s'établir entre vous,
quelque étrangers que vous soyez naturellement les uns aux autres, une certaine cor-
dialité, une communication naïve des sentiments éprouvés, des grâces obtenues par
soi ou par d'autres, en un mot une touchante confraternité grave et digne, mais
pleine de charme et de doux abandon. Les
premières relations s'établissent, le plus
souvent, au réfectoire : dès que la cloche
sonne, on dirait les membres d'une même
famille se réunissant autour de la table
commune : là, pas de question de préséance,
il n'y a de distinction que pour les derniers
venus, qui sont l'objet d'égards et de délica-
tes déférences ; on n'est pas du même pays,
ni souvent de la même nation, et pourtant
on se connaît, ce semble, on se voit avec
des yeux amis, et on se parle avec un cœur
affectueux. Bien plus, à la Salette, chez les
femmes, dit-on, les défauts les plus rebelles
aux efforts vigilants d'une sincère vertu,
n'osent donner signe de vie : pas un mot,
pas une allusion, pas un regard, pas un
sourire ne leur échappe qui trahisse leur

besoin inné de persiflage ou de censure : tant
s'y fait heureusement sentir la douce influence de Celle dont les lèvres « distillent
» le lait et le miel (1), » suivant l'expression
de la sainte Écriture.

On sympathise donc, on se lie aisément
sur la sainte Montagne, on s'aime plus vite
et plus cordialement qu'ailleurs ; et quand
il faut se quitter, l'adieu, dernier adieu pour
la plupart, qui ne doivent plus se revoir en
ce monde, a quelque chose de tristement
solennel. C'est la seule tristesse (et encore
s'évanouit-elle bientôt), la seule qui ait accès à la Salette ; c'est la seule goutte amère
qui vienne se mêler au calice des saintes
joies et des suavités de la sainte paix de
l'âme. On s'est connu avec bonheur, on se
sépare avec un regret bien senti, c'est trop
juste ; mais, encore une fois, ce regret ne
saurait être que momentané. On lève les
yeux au ciel, on se dit : « Au revoir là-
haut !...» En même temps, on se promet de
bien prier les uns pour les autres, dans l'u-
nion au cœur adorable du Fils, et au cœur
immaculé de la Mère, et on se sent consolé.

(1) Cant., IV, 11.

Ne vous étonnez pas que toute âme, pour
ainsi dire, devienne, à la Salette, bienveil-
lante, expansive : on y respire un air si
nouveau quand on y est monté avec un peu
de foi ! Et puis, tout porte à cette douce ouverture de cœur, dont on goûte si bien le
charme au foyer domestique, ou au sein des
communautés religieuses, dans lesquelles
tout est à tous, les cœurs plus encore que
les objets matériels. A la Salette, presque
tout ce qui peut être commun entre les pèlerins ne l'est-il pas? Ce n'est pas seulement en commun que l'on prend sa réfec-
tion ; c'est en commun que l'on prie, que
l'on fait, le vendredi, à trois heures, le chemin de la croix; que chaque jour, à une
heure, l'on va auprès de la célèbre fontaine
écouter l'exposé que fait un missionnaire,
avec une touchante simplicité, soit des diverses circonstances, soit des principales
preuves de l'Apparition, soit de quelques
faveurs miraculeuses, au récit desquelles
les pèlerins se plaisent à ajouter celui des
grâces dont ils ont été l'objet, ou des faits
semblables qui sont venus à leur connais-
sance. C'est aussi en commun qu'on aime
à visiter les nombreux *ex-voto* qui décorent

2

toute l'abside de l'église (1); à vénérer la
pierre noire sur laquelle la Sainte Vierge
parut d'abord assise, et qui est conservée,
à la sacristie, sous la sauvegarde du sceau
épiscopal de Grenoble; à admirer les précieux monuments de la gratitude et de la
munificence des fidèles : l'église dont plus

(1) On y voit aussi, et ce n'est pas sans une douce
émotion, la couronne de roses blanches que la
Vierge chrétienne, dans la solennité de sa consécra-
tion au divin Époux du Calvaire, a échangée contre la couronne d'épines, et qu'elle a voulu dépo-
ser aux pieds de la divine Mère de douleur comme
un trophée de victoire sur le monde et sur elle-
même. On y voit de riches parures, dont de jeunes femmes pieuses se sont dépouillées, pour té-
moigner le prix qu'elles attachent, sur les traces
de Marie, à la noble simplicité chrétienne, à la parure surnaturelle de l'âme, et pour faire hommage
de leurs joyaux à celle qu'elles regarderont, désormais, dans leur nouvel état de vie, comme leur
modèle, leur soutien, leur doux refuge dans les
épreuves inséparables des mariages les mieux as-
sortis.

Il y a peu d'années, gravissaient la sainte Montagne deux nouveaux époux, venus d'assez loin,
resplendissants de jeunesse, de santé, de tous les

de la moitié, déjà finie à leurs frais, sup-
pose des dons extrêmement considérables ;
les ornements magnifiques où l'art de la
broderie le dispute à la richesse du fond ;
le diadème d'or tout brillant de diamants et
de pierres précieuses, véritable chef-d'œu-

brillants dehors de la fête naptiale. Qu'est-ce qui
les amenait à la Salette? C'était l'esprit de foi, le
sentiment profondément chrétien qui les animait:
ils venaient consacrer leur union, bénie la veille
par la main du prêtre, à la Reine du ciel, s'age-
nouiller pieusement à ses pieds, et placer sous son
égide maternelle leur personne, leur vie entière.
Ah! si toutes les unions chrétiennes se contrac-
taient avec de tels sentiments, que nous verrions le
sacrement auguste qui en fait le lien surnaturel
reçu avec de saintes dispositions, et que l'Église serait consolée par le bonheur et la piété des époux,
par l'éducation religieuse des enfants, et la con-
duite chrétienne des serviteurs! Mais, hélas! ce sacrement si riche, si fécond en grâces, sans lesquelles des âmes innombrables se perdraient, n'est
pour plusieurs qu'une sorte de vaine cérémonie;
et de là vient que ce qui devait faire leur bonheur
est pour eux une source d'infortunes. Pensez-y,
jeunesse qui me lisez, et craignez de trouver la
malédiction là où Dieu, dans son adorable bonté,
a mis pour vous la bénédiction la plus abondante.

vre d'orfévrerie : sans parler de l'orgue aux
sons si suaves et si harmonieux, des vases
sacrés dont la forme, la beauté, le splendide
éclat ne laissent rien à désirer, de la statue
du maître-autel, donnée par un pèlerin de
Marseille, et placée sous un arc-de-triom-
phe, qui est entièrement formé de cœurs
brillants d'or, charmant emblême offert par
la piété des fidèles à la plus aimable et à la
plus tendre des Mères.

Une chose pourtant ne se fait pas en commun, à la Salette, c'est l'adoration nocturne
du très saint Sacrement : pratique touchante
qui sourit à toute âme fidèle ! A huit heures
du soir, tous les jours, la cloche appelle les
pèlerins à l'église pour le chapelet, la prière, la récitation d'un *Pater* et d'un *Ave* à
toutes les intentions qui ont été recomman-
dées, et un cantique à Notre-Dame-de-la-
Salette, accompagné des sons religieux de
l'orgue que touche un missionnaire. Le sa-
medi, après cet exercice, « le Roi de gloire (1) » sort de son tabernacle pour recevoir solennellement les pieux hommages de
la foi, de l'amour, de la reconnaissance, de

(1) Ps., XXXIII, 7.

la réparation. Le très saint Sacrement demeure ainsi exposé jusqu'au lendemain après Vêpres ; et, durant toute la nuit, les missionnaires viennent alternativement faire chacun leur heure d'adoration et d'amende honorable, qu'ils commencent toujours par la récitation de cinq *Pater*, de cinq *Ave* et de cinq *Gloria Patri*, auxquels s'unissent les sœurs et les autres personnes présentes : car il y en a toujours qui se succèdent d'heure en heure, ou même qui passent la nuit entière à faire leur cour « au Roi immortel des siècles (1), » au plus aimable et au plus tendre des amis et des pères. Le pèlerin, on le comprend, se montre jaloux de trouver sa place parmi ces adorateurs ; et quand, rentré tout doucement chez lui pour continuer un repos interrompu par le besoin de sa foi et de son amour, il cherche un sommeil qui ne revient pas encore, et qu'il entend d'autres portes se fermer ou s'ouvrir avec une délicate précaution, un sentiment d'édification et de plaisir pur dilate son cœur, duquel s'exhale ce souhait

(1) I Tim., 1, 17.

2.

pieux : Béni soit-il, celui qui adore et qui prie au nom de tous ses frères !

Ah ! si de celui qui trace ces lignes pour accroître le nombre des pèlerins de la Salette, une âme, une seule âme, qu'elles y auraient attirée, pouvait dire aussi dans la joie d'avoir cédé à cet attrait, et en priant pour leur humble auteur : *Béni soit-il!...* Mon Dieu, quel bonheur ! ô ma douce Mère du ciel, quelle précieuse récompense ! Pour Dieu et Dieu seul, après Dieu pour vous, ô ma Mère, je l'ambitionne de toute la puissance de mes vœux les plus ardents : *fiat, fiat* (1) !

La nuit du 18 au 19 septembre, jour anniversaire de l'Apparition, est aussi une nuit sainte et digne des plus beaux temps de la foi catholique. Le 18 au soir des pèlerins innombrables, venus « des quatre vents (*Matth.*, *XXIV*, 31), » se trouvent réunis sur le plateau ; des paroisses entières y arrivent bannières déployées, en chantant les litanies ou le *Magnificat*; de toutes parts on entend des prières ou de pieux cantiques; les confessionnaux sont assiégés par

(1) Ps., CV, 48.

la foule : au dernier anniversaire, 1858,
plus de trente prêtres, occupés à entendre
les pèlerins, ne suffisaient pas à leur multi-
tude. A dix heures les flambeaux s'allument.
La procession sort de l'église, et déploie
majestueusement ses rangs étincelants de
clarté dans les sentiers tortueux du Mont-
Gargas. Alors commence solennellement le
chemin de la croix, au lieu même que Marie
arrosa de ses larmes miraculeuses, le 19
septembre 1846 ; et la voix d'un prédicateur
vient ajouter à l'émotion de cette grande
scène et du chant plaintif du *Stabat*, que le
silence et la majesté de la nuit rendent plus
attendrissant encore. On rentre ensuite
dans l'église en chantant des cantiques de
triomphe. A minuit les messes commencent
à tous les autels et ne discontinuent pas.
Le 19 septembre 1858, plus de quatre-vingt-
dix messes ont été dites, et beaucoup de
prêtres n'ont pu qu'assister au saint Sacrifice et participer à la sainte Table comme
les fidèles. Le nombre des communions est
immense : officiers, soldats, hommes du
monde, grandes dames, femmes du peuple
se pressent au banquet eucharistique. — A
dix heures du matin une nouvelle proces-

sion se met en marche ; la statue de la Très-Sainte Vierge, couronnée d'or et de pierreries étincelantes, est portée triomphalement et déposée au lieu de l'Apparition. Puis on célèbre une messe solennelle, qui est suivie de la bénédiction du saint Sacrement ; les Vêpres sont chantées en plein air ; les pèlerins se répondent alternativement d'une montagne à l'autre. La foule s'écoule enfin lentement, bien lentement : car on quitte à regret la sainte Montagne, et on se promet bien d'y revenir.

II.

Un pèlerinage n'est pas un voyage de cu-
riosité, un voyage de touriste, d'amateur
d'objets d'art ou de monuments remarqua-
bles, c'est un voyage religieux qui, par
suite, doit porter ce caractère dans la manière dont on l'accomplit. Je ne vous dirai
pas : Faites celui de la Salette avec foi, confiance, amour. Peut-être, vous qui lisez ces
lignes, ne croyez-vous pas à la vérité de
l'Apparition de la Sainte Vierge sur cette
montagne. Mais cela ne m'empêchera pas
de vous dire : Faites-le chrétiennement. La
Salette n'est-elle pas, dans tous les cas, un
lieu évidemment· béni du Ciel? Depuis
douze ans, ne s'y est-il pas fait, ne s'y fait-il
pas tous les jours un grand bien, un bien

qui n'est pas contestable, un grand bien spirituel, surnaturel par conséquent, sans parler ici des guérisons miraculeuses qu'on y obtient, et qui sont tellement frappantes, qu'il faudrait obstinément fermer les yeux pour ne pas en reconnaître la vérité? Dans votre foi de chrétien vous trouverez donc un motif suffisant de faire votre voyage tout différemment d'un autre qui n'aurait pour vous rien de religieux. A la Salette, Jésus et Marie sont admirablement glorifiés : vous ne sauriez y être indifférent, vous qui, dans le Fils, adorez votre Dieu et votre Sauveur, et qui honorez dans la Mère, non-seulement la plus auguste des créatures, mais la plus tendre pour vous et la plus secourable. A la Salette, les pèlerins font une douce expérience des bontés de Jésus prié par Marie : c'est là un fait trop public, trop universel, et qui va trop bien peut-être à vos besoins, aux besoins de votre cœur surtout, pour qu'il ne vous inspire pas quelque confiance, et le désir de vous mettre à même de trouver là-haut, comme tant d'autres, lumière, force et consolation.

Ainsi, qui que vous soyez, vous acheminant vers ce saint lieu, disposez-vous à re-

cueillir au moins « quelque parcelle de dons
» précieux (1) » de la maternelle bienveillan-
ce de Marie dans son sanctuaire. Pour cela,
choisissez bien votre société, autant que
les circonstances peuvent le permettre ;
car l'Esprit-Saint dit que « celui qui marche
» avec le sage, sera sage lui-même, et que
» celui qui communique avec les insensés
» comme avec des amis, deviendra *lui-mê-*
» *me* insensé (2).» — Maintenez-vous dans
un certain recueillement, comme tout chrétien qui fait un acte religieux, vous souvenant que la grâce divine, dont la touche
est si délicate, « ne s'allie pas avec la dissi-
» pation (3). » — Veillez sur vos sens, qui
sont comme des portes « ouvertes à *l'ennemi
du salut*, à la mort *spirituelle* (4). » — Ne
considérez pas les divers objets qui, sur la
route, viennent frapper la vue et attirer
l'attention, sans élever un peu votre esprit
et votre cœur vers Celui de qui viennent
même les ouvrages étonnants de la main
de l'homme. — Soyez fidèle aux devoirs religieux de chaque jour. — Durant les lon-

(1) Prov., XIII, 20. — Eccli, XIV, 14. —
(3) III Rois, XIX, 11. — (4) Jérém., IX, 21.

gues heures du voyage, pensez quelquefois
aux grâces obtenues par les nombreux pèlerins qui vous ont précédé ; quel que soit
l'objet de votre légitime désir, prenez confiance : pourquoi n'obtiendriez-vous pas là
où tant d'autres obtiennent tous les jours?
— Offrez enfin à Dieu les fatigues et les en-
nuis de votre voyage, afin de participer un
peu aux mérites du voyage de la vie mortelle du Sauveur, qui le commença par
Bethléem et le termina par le Calvaire ; surtout n'oubliez pas, s'il vous survient quelque accident plus ou moins fâcheux, que
le Seigneur n'est pas un monarque solitaire au haut des cieux, ne se mêlant de la
vie humaine que dans les occasions en
quelque sorte solennelles, mais que sa paternelle providence ne demeure pas étran-
gère même « à la chute d'un de nos che-
» veux (1), » et que « toutes choses tour-
» nent au bien de ceux qui l'aiment (2). »
— Et, quand vous serez arrivé au terme,
pénétrez-vous bien de la pensée que « vous
» touchez une terre sainte ; » que les
grâces y descendent, en abondance, sur

(1) Luc, XXI, 18. — (2) Rom., VIII, 28.

ceux qui la visitent avec des dispositions
véritablement chrétiennes; et laissez bien
votre cœur aller où il se sentira poussé,
sous la bénigne influence de votre Mère du
ciel.

Voyez, du reste, que de puissants motifs
doivent vous porter à faire chrétiennement
votre pèlerinage :

1° Le souvenir de ce que vous devez à
Marie. Vous avez eu le bonheur d'être
bercé sur les genoux d'une mère chrétienne, qui vous apprenait à bégayer son
saint nom à côté du nom adorable du Dieu-
Sauveur, et qui plaçait votre enfance, votre
jeunesse, toute votre existence sous le doux
et puissant patronage de cette Vierge admirable, dont le cœur au ciel est à la hauteur
de sa gloire et de son pouvoir. Ce patronage vous a-t-il fait défaut? N'avez-vous
pas même senti, plus d'une fois, comme la
main céleste de la divine Mère qui endor-
mait vos douleurs, qui versait un baume
salutaire sur vos blessures, ou qui soute-
nait votre faiblesse, vous sauvait au moment du naufrage?... Peut-être aussi, tendre fleur à peine éclose, alliez-vous tomber
au matin de la vie; mais votre mère de la

3

terre était là, embrassant, avec une indicible émotion, un berceau qui allait devenir un cercueil, versant autant de prières que de larmes aux pieds de votre Mère du ciel ; et la vie qui s'enfuyait déjà de vos membres demi-glacés, vous revenait sous les auspices de Marie. Et quand vous ne devriez à l'incomparable Vierge, dont vous allez visiter le sanctuaire, que ce que lui doit tout enfant de Dieu et de l'Église, ne serait-ce pas assez pour éveiller en vous une vive gratitude, une tendresse filiale, qui vous portent à faire honneur, par des sentiments vraiment chrétiens, à celle qui ne dédaigne pas d'appeler ses enfants ceux que son divin Fils « n'a pas dédaigné d'appeler ses frères (1)? » C'est elle qui vous a donné Jésus ; et Jésus, c'est Bethléem, c'est le Calvaire, c'est l'autel, la Table sainte, le tabernacle, c'est le ciel ; c'est le Sauveur, le Rédempteur, « la Voie, la Vérité, la Vie (2); » c'est le Rémunérateur magnifique dont la libéralité est sans bornes, « dont la récompense est sans prix (3).»

(1) Hébr., II, 11. — (2) Jean, XIV, 6. — (3) Gen., XV, 1.

2° Les touchantes leçons qui, du haut de la sainte Montagne, sont tombées sur le monde, pleines de larmes et de maternelle tendresse, ne vous importe-t-il pas de les écouter avec un respect filial, et de vous disposer à en tirer le bien spirituel qu'a voulu vous faire Marie? Voudriez-vous rendre inutiles pour vous les enseignements, les larmes miraculeuses d'une telle Mère? Ah! laissez-les d'avance parler à votre âme, avec toute l'autorité du plus auguste et du plus touchant message de la Cour céleste, afin de vous en mieux pénétrer sur les lieux mêmes où ces leçons précieuses ont été données à tous les sexes comme à toutes les conditions :

Leçon d'humilité : ce n'est pas au sein de nos cités bruyantes et somptueuses, ce n'est pas à des grands, à des riches, à des auditeurs de distinction que Marie a daigné apparaître et parler; c'est dans une solitude déserte, c'est à des petits, à des pauvres, à des ignorants; et ce n'est pas le langage doré d'une académie, le langage recherché d'un brillant salon qu'elle emprunte, mais le plus simple quoique le plus expressif, mais le mieux approprié aux plus vulgaires intelligences.

Leçon d'austère décence et de grave simplicité dans les vêtements, sans confusion toutefois des rangs et des conditions. Voyez : elle est bien la *Rose mystique*, la *Maison d'or*, la *Tour d'ivoire*, l'*Étoile brillante du matin!* Elle est reine; mais aussi elle se montre « l'humble servante du Sei- » gneur (1), » choisissant pour auditeurs et pour envoyés, non des enfants magnifiquement parés, mais d'humbles bergers pauvrement vêtus, comme on l'est au village et sous le toit couvert de chaume. Et siérait-il bien au luxe et à l'immodestie d'oser regarder en face les formes sévères de son costume, où la Reine semble s'effacer sous les humbles dehors de la Vierge des vierges? Ah! que de chrétiennes, même parmi celles qui sont jalouses de porter le titre d'enfants de Marie, se jugeraient plus sévèrement, si elles se regardaient bien dans ce miroir céleste qu'elle leur présente à la Salette; et que de mères qui font sucer, pour ainsi dire avec le lait, à leurs enfants

(1) Luc, 1, 48.

le goût d'une parure aussi vaine que dispendieuse, y apprendraient à les pénétrer, dès l'âge le plus tendre, de cette vérité si évidente, et si méconnue, que le vêtement n'est pas un mérite, et que la modestie, jointe à une noble simplicité, fait, aux yeux même du monde, le plus digne ornement des femmes (1)!

(1) Il y a peu d'années, un mère chrétienne et remplie de foi, entourait de ses soins les plus tendres une de ses filles qui, voyant à peine son dix-huitième printemps, allait mourir, et la pauvre mère disait, fondant eu larmes : « Une seule consolation me reste, ma fille va au ciel. Je n'ai pas à me reprocher de lui avoir inspiré la plus petite pensée de vanité, de lui avoir jamais parlé de toilette; les flammes du purgatoire seront, j'en ai l'espoir, peu sévères pour elle; et j'aurai la douce consolation de penser que ce n'est pas moi qui, par mon peu de vigilance ou mes imprudentes paroles, aurai contribué à retarder, dans ces flammes expiatrices, son admission à l'éternel bonheur. »

Belle et touchante leçon pour tant de mères qui permettent que des bonnes ignares disent et redisent à leurs jeunes filles, ou qui osent bien se plaire à leur dire et à leur redire elles-mêmes

Leçon de pénitence et de réparation :
tout est promis à la conversion sincère,
même les bénédictions temporelles ; tout y
convie avec autant de force que de douceur,
même les larmes muettes et miraculeuses
de la divine Mère. Et qui peut dire : je n'ai
pas besoin de conversion, de changement,
d'amélioration morale, d'expiation, de pénitence en un mot? Qui n'a mille fois raison
de s'écrier, avec le saint roi David : « Sei-
» gneur, quel mortel pourrait se flatter de
» connaître tous ses péchés? Purifiez-moi
» *donc* de ceux que mon œil ne sait pas dé-
» couvrir, et faites-moi grâce pour ceux
» d'autrui, dont je puis avoir *devant vous* à
» répondre (1)! »

qu'elles sont charmantes, uniquement parce qu'elles se trouvent vêtues tel ou tel jour plus riche-
ment, plus élégamment que d'ordinaire! Elles
faussent ainsi ou laissent fausser leurs idées sur
la véritable valeur des choses; égarer leur esprit
sur le vrai mérite, qui est la vertu, la piété, la modestie, non la vaine parure; et développer, presque
dès le berceau, la passion de la vanité, si futile
mais si funeste, si féconde en ravages de toute
espèce.

(1) Ps., XVIII, 13.

4° Le sentiment de tout ce que vous avez à demander, de tout ce que póuvez obtenir. N'avez-vous besoin de rien? Etes-vous bien content de vous-même? Votre esprit n'accueillerait-il pas avec bonheur quelque nouveau rayon de lumière? Votre cœur ne se sent-il pas travaillé, inquiet, vacillant, faible, lâche pour le devoir; fatigué par l'ennui, le dégoût; assailli par le découragement; harcelé par plus d'une tentation? Peut-être même y a-t-il, au fond de votre âme, un besoin secret, que vous ne vous avouez pas, dont vous ne soupçonnez pas l'existence, et qui cependant est bien fait pour appeler votre attention, pour exciter votre chrétienne sollicitude. Ah! quelque nombreuses que soient vos requêtes, ne craignez pas d'avoir à les présenter; dans le cœur de Marie il y a place pour toutes les suppliques, et dans celui du divin Jésus, à qui elle les présentera elle-même, abondance et surabondance de généreuse libéralité. Mais songez d'avance à tout ce qui doit faire l'objet de vos prières; n'oubliez pas dans quelles dispositions d'esprit et de cœur il convient qu'un suppliant aille implorer Notre-Dame-de-la-Salette; « pour ne

» pas ressembler à celui qui ose tenter
» Dieu, préparez votre âme (1) ; » si, mal-
gré vos soins et votre bonne volonté, vous
arrivez jusqu'au pied de la sainte Montagne
le cœur froid, ce semble, ou indifférent, ne
perdez pas courage : aimez à penser qu'il
n'en sera pas ainsi au retour, vous ne vous
bercerez pas d'une espérance vaine ; car il
est inouï que le pèlerin de la Salette, animé
de sentiments chrétiens, ait jamais pu dire :
Je ne me sens ni consolé, ni fortifié, ni porté
à devenir meilleur ;

5° La pensée du grand « voyage de la
» vie (2), » qui vous est représenté, d'une
manière sensible, par votre pèlerinage, et
que vous avez le plus haut intérêt possible
à faire tout aussi chrétiennement. Le terme
de votre pèlerinage est un haut lieu, un
lieu saint et béni du Seigneur ; le terme du
grand voyage de la vie est aussi un haut
lieu, un séjour élevé au-dessus de tout ce
monde visible, un séjour saint par excellence, et débordant de toutes les bénédictions les plus précieuses de Celui qui seul
est le souverain bien. — Vous allez à la

(1) Eccli., XVIII, 23. — (2) Gen., XLVII, 9.

Salette en quelques jours, et vous y arrivez
par un sentier raide, étroit, escarpé, bordé
de précipices ; ainsi en est-il du chemin qui
conduit au ciel : « chemin de la *véritable*
» vie, *mais* étroit et difficile, où marche le
» petit nombre (1), » et dont, toutefois, la
durée n'est pas celle d'un jour, si vous la
comparez à cette vie d'outre-tombe. — Vous
trouverez à la Salette Jésus et Marie : Jésus
en personne, quoique voilé sous les apparences eucharistiques ; Marie seulement en
souvenir, bien sensible pourtant, vivant en
quelque sorte. Au ciel, vous trouverez Jésus
et Marie en personne : Jésus dans tout l'é-
clat, toute la beauté, toute la gloire dont
fut revêtue son humanité adorable quand,
pour prix de ses humiliations et de ses
souffrances, « toute puissance lui fut don-
» née au ciel et sur la terre (2) ; » Marie
qui réfléchit en elle, autant qu'il est possible dans une créature, l'éclat, la beauté, la
gloire de son Dieu et de son Fils ; et
vous deviendrez vous-même, selon la mesure de vos mérites, le bienheureux
convive du banquet éternel de leur in-

(1) Matth., VII, 14. — (2) Matth., XI, 12.

3.

compréhensible félicité. Pensez donc que
vous faites maintenant comme le saint ap-
prentissage du chemin du ciel; et que, si
vous accomplissez votre pèlerinage chrétiennement, par ce peu de jours vous sau-
rez comment il faut passer tous les jours,
et par la retenue, la vigilance, l'esprit de
foi et de prière, la crainte, le respect et
l'amour de Dieu qui présideront à votre
saint voyage, comment il faut sanctifier le
grand voyage de la vie.

Ce pèlerinage, vous le faites peut-être
avec tout le *confortable* du jour; souvenez-
vous que ce n'est pas tout-à-fait ainsi qu'on
va au ciel; « qu'il faut se faire violence
» pour le gagner, que ceux-là seuls qui se
» font violence le ravissent (1). » C'est une
loi sans exception : il n'y en a pas eu pour
l'Homme-Dieu lui-même, qui « a dû entrer
» dans sa gloire par les souffrances (2). »
Ne soyez donc pas « un membre trop déli-
» cat sous un chef couronné d'épines (3); »
détachez-vous des richesses et du sensualisme qu'elles engendrent et nourrissent;

(1) Matth., XI, 12. — (2) Luc, XXIV, 26. —
(3) S. Bernard.

elles vous quitteront un jour, bientôt peut-
être, quittez-les vous-même d'avance ; pensez aux innombrables pèlerins de la vie,
qui manquent de tout ce qui chez vous
abonde ; « employez vos richesses à vous
» faire des amis, afin qu'à votre mort vous
» soyez, par leur entremise, reçu dans les
» tabernacles éternels (1). » Et, quand vous
serez à ce moment suprême, vous vous ap-
plaudirez d'avoir appris, sur le chemin de
la Salette, à compatir et à donner ; et d'a-
voir mérité, par vos bonnes œuvres, que la
divine « Mère de miséricorde (2) » vienne
assister votre âme et l'aider à franchir heureusement le redoutable seuil de l'éternité.

Du reste, pour peu que vous alliez de loin
à la Salette, vous voilà sur un chemin de
fer ; pour vous, chrétien, quel spectacle et
quelle leçon ! Pourriez-vous voir, d'un regard distrait ou stérile, ce tourbillon d'activité humaine, cette préoccupation, cette
agitation fébriles, cette concentration du
roi de la matière dans la matière ! Tout en
admirant et en louant Dieu qui a donné à
l'homme une telle puissance, n'avez-vous

(1) Luc, XVI, 9. — (2) *Salve Regina.*

pas pitié de cette créature coupable, ingrate, injuste, insensée, qui ose bien « ou-
» blier son Créateur (1), » et la magnifique
destinée ouverte à son ambition au-dessus
de sa tête, si obstinément courbée vers
la terre?..... Et, d'autre part, cette vitesse
prodigieuse qui emporte à travers l'espace,
comme sur des ailes de feu, tant d'existen-
ces humaines qu'un moment d'inadvertance
peut briser soudain, ne vous fait-elle pas
sentir bien vivement que les ailes du temps,
plus rapides encore, vous emportent vers
l'autre vie, dans la direction bonne ou mau-
vaise que vous donnez à votre vie présente,
et dont le résultat peut, d'un instant à l'autre, devenir éternel? Nourrissez-vous de ces
pensées graves, solides, capables d'inspirer
les plus salutaires déterminations, et vous
ferez chrétiennement le pèlerinage de la
Salette.

Mais là ne se bornent pas pour vous les
vœux de mon cœur; je voudrais que vous
eussiez la douce consolation de le faire avec
tous les sentiments d'une piété fervente.
N'allez pas me dire : Ceci ne me regarde

_____

(1) Deutér., XXXII, 18.

pas, je n'ai pas l'avantage d'être pieux. —
Croyez-moi, lisez toujours : peut-être le
Seigneur daignera-t-il se servir de ce qui
me reste à écrire pour vous donner le goût
de la piété, ou du moins le désir d'ajouter
à vos sentiments quelque chose de plus élevé, de plus vif, de plus chrétien, qui vous
rendra votre pèlerinage bien plus profita-
ble.

III.

La piété qui « est utile à tout, qui a les » promesses de la vie présente et de la vie » future, dit saint Paul (1), » est un don de Dieu, comme « tout don parfait qui des- » cend du Père des lumières (2). » Elle est « une lumière qui éclaire et qui échauf- » fe (3), » répandue en nous par le Saint-Esprit dans le Baptême, merveilleusement accrue par la Confirmation; mais ce don de la piété veut être comme cultivé par nous, et ne se développe qu'avec le concours de nos humbles prières et de nos constants efforts : voilà pourquoi le même

(1) I Tim., IV, 8. — (2) Jac., I, 17. — (3) Jean, V, 35.

Apôtre écrivait à son cher disciple Timo-
thée : « Exercez-vous à la piété (1), » c'est-
à-dire appliquez-vous, travaillez, sans re-
lâche, à faire fructifier en vous le don surnaturel que vous en avez reçu.

Quand donc j'ose vous dire : Faites pieusement ce pèlerinage, j'entends : Faites des
efforts de prières, d'instances auprès de
Dieu, pour obtenir les pieux sentiments
dont il est si désirable que vous soyez animé dans ce saint voyage ; prenez les précau-
tions et les moyens qui peuvent seconder
en vous la naissance et l'expansion de ces
sentiments.

Et d'abord, avant le départ, approchez-
vous des sacrements avec les mêmes dispositions que si c'était pour la première et
aussi pour la dernière fois de votre vie :
car vous ne savez pas si vous reviendrez ;
et, quoi qu'il en soit, cet acte de piété ac-
compli de la sorte, ne pourra que porter
bonheur à votre voyage.

Puis, rendez-vous fidèle à tout ce que le
pèlerinage demande pour être fait chrétiennement ; mais tâchez d'y apporter le zèle,

(1) 1 Tim., IV, 7.

la ferveur, l'esprit de foi vive, la pureté sur=
naturelle d'intention, la ferme confiance et
le tendre amour qui caractérisent l'âme
vraiment pieuse. — Recherchez une compagnie qui non-seulement ne vous fasse pas
éprouver ce malaise moral que l'on souffre
en la société des pécheurs, mais qui vous
fasse respirer « la bonne odeur de Jésus-
» Christ (1), » dont la sainte émanation est
à la fois une force et une exquise douceur ;
— Ne vous contentez pas d'un certain recueillement ; tenez habituellement « les
» yeux du cœur (2) » élevés vers Dieu dont
la très haute et toute paternelle Majesté
» regarde *sans cesse avec complaisance* ceux
qui l'aiment (3) ; » et ne traitez pas comme
un absent, dont le souvenir est purement
accidentel, celui « en qui vous avez l'être,
» le mouvement et la vie (4). » — Que dans
les lieux ou cet acte de dévotion vous sera
loisible, votre cœur vous conduise au pied
du très saint Sacrement de l'autel, pour offrir à N. S. J.-C. l'hommage de votre foi et

(1) II Cor., II, 15. — (2) Ephés., I, 18. —
(3) Eccli., XXXIV, 15. — (4) Actes des Apôtres,
XVII, 28.

de votre amour; et si vous en êtes empêché,
n'oubliez pas que « celui qui a fait l'œil voit,
» que celui qui a formé l'oreille entend (1), »
et que, de loin comme de près, le divin
Sauveur verra votre pieux désir de le visiter, ouïra le soupir de votre cœur : il l'a-
gréera même avec d'autant plus de bienveil-
lance, qu'ils sont plus nombreux les croyants
qui traitent le Fils éternel du Très-Haut,
« habitant corporellement *au milieu d'eux*
» dans la plénitude de sa divinité (2), »
comme un étranger inconnu, dont la présence n'éveille aucune sympathie. — Ac-
ceptez enfin avec plus que de la patience et
de la résignation, avec un élan d'amour, tout
ce que le voyage peut avoir de contrariant
pour la nature : puisque vous croyez que
Dieu est votre père, mais un père comme il
n'en est pas, un père qui est mille et mille
fois plus tendre que la meilleure des mères,
et qui dispose « toutes choses pour notre
» plus grand bien (3), » prenez tout comme
vous venant de la main la plus auguste et
la plus charitable, et comme étant destiné

(1) Ps., XCIII, 9. — (2) Coloss., II, 9. —
(3) Rom. VIII, 28.

à vous faire produire des actes surnaturels
de foi, de confiance et d'amour, dont la valeur ne saurait être comprise que dans le
ciel. Croire c'est voir : « Nous voyons, dit
» saint Paul, *quoique* à travers un voile (1);»
regardez donc bien avec les yeux infailli-
bles de la foi, et vous envisagerez toutes
choses sous un nouvel aspect, le seul véritable; et vous reconnaîtrez que le plus petit sacrifice de la nature fait pour l'amour
de Dieu, vivifie la prière, la rend plus
puissante auprès du Père céleste, en ajou-
tant l'hommage du corps à celui de l'intelligence et de la volonté.

Un autre motif doit vous exciter à offrir à
Dieu avec amour, en union avec l'adorable
Chef crucifié dont les fidèles ont l'honneur
« d'être les membres (2), » toutes les privations, toutes les fatigues, tous les désa-
gréments de votre saint voyage, c'est que
vous vous trouverez ainsi bien mieux disposé à tirer de l'indulgence plénière que
vous pourrez gagner à la Salette tout le
fruit désirable (3), et goûter la joie du dé-

(1) I Cor., XII, 13. — (2) Éphés.; V, 30. —
(3) Les fidèles de l'un et de l'autre sexe, sincè-

biteur insolvable à qui son généreux créan-
cier fait remise de toute sa dette.

Vous voilà donc heureusement préparé à

rement pénitents, qui, s'étant confessés et ayant
reçu la sainte Communion, visitent, quelque jour
de l'année que ce soit, le sanctuaire ou église *de
la bienheureuse Vierge Marie-de-la-Salette*, et y
prient Dieu selon les intentions du Souverain-Pon-
tife, gagnent, une fois l'an, une indulgence plénière. (*Bref de Pie IX*, du 3 septembre 1852.)

Ceux qui assistent, trois fois au moins, aux sermons prononcés par un missionnaire *dit de la Salette*, pendant une mission ou les exercices spirituels d'une retraite; qui reçoivent la bénédiction
de la croix, donnée par un de ces missionnaires, à
la fin du sermon; qui, vraiment pénitents, se con-
fessent, communient et visitent l'église où ont lieu
ces sermons, pour y prier suivant les intentions
de N. S. P. le Pape, gagnent une autre indulgence
plénière. — De plus, chaque fois qu'ils assistent à
ces prédications avec un cœur contrit, ils gagnent
une indulgence partielle de deux cents jours. (*Bref
de Pie IX*, du 3 septembre 1852.)

A la Salette on donne régulièrement trois re-
traites chaque année : la première, du 12 au 16 de
juillet; la deuxième, du 11 au 15 d'août; la troisième, du 15 au 19 septembre.

l'ascension de la sainte Montagne : pour la faire aussi pieusement, ravivez votre foi à mesure que vous en approchez; demandez-vous bien ce qu'elle est, ce que vous allez y voir, quel grand souvenir religieux vous y attend ; et quand vous pourrez enfin contempler ces lieux auxquels ce grand souvenir se rattache, représentez-vous vivement ce qui a été vu et entendu en ces mêmes lieux, il y a peu d'années ; ouvrez bien les yeux de la foi, prêtez bien l'oreille du cœur : vous croirez voir comme un reflet de la gloire éblouissante de la divine Mère, vous croirez ouïr encore comme un écho de sa voix céleste, vous croirez sentir une de ses larmes miraculeuses tomber sur vous, et votre pieux attendrissement vous fera mille fois bénir la sainte pensée qui vous aura conduit à Notre-Dame-de-la-Salette.

Qu'il me soit permis ici d'essayer de vous aider un peu à goûter cette bénédiction du ciel, en vous disant, dans toute la simplicité de mon cœur, non pas comment j'ai fait mon pèlerinage, mais comment je voudrais le refaire : le souvenir des lieux chéris qu'on n'aurait jamais voulu quitter, est plus inspirateur peut-être que la jouissance ac-

tuelle de ces lieux mêmes; et l'on sent
mieux, et l'on peut mieux dire comment on
voudrait en avoir joui, quand on avait le
bonheur d'y être; comment on voudrait en
jouir, si l'on avait celui d'y retourner. Plaise
au Ciel que l'expression naïve des pensées et
des sentiments que me semblent devoir faire
naître dans l'âme du pieux pèlerin l'approche et la vue des lieux que la Très-Sainte
Vierge a consacrés par le grand miracle de
son Apparition, le plus grand des temps
modernes, sans aucun doute, ne vous soit
pas inutile! S'il en est ainsi, vous ne devrez
rien à l'auteur de cet opuscule : « il n'aura
fait que ce qu'il devait faire (1). » Mais vous
devrez à Dieu des actions de grâces, à
Dieu « qui, dans tous, opère toutes choses (2). » Pourtant, si votre bon cœur vous
portait à m'accorder un souvenir devant le
Seigneur, une courte prière, un *Ave Maria*,
oh! que vous feriez un bel acte de charité,
et que celui qui ose ici vous le demander
vous en aurait une vive reconnaissance!

(1) Luc, XVII, 10. — (2) I Cor., XII, 6.

1o Au pied de la sainte Montagne.

Me voilà donc au pied de cette montagne aimée du Ciel, où la Reine des anges est venue honorer le monde d'une visite dont les annales de l'Église n'offrent pas d'exemple, et dont les générations futures garderont à jamais le précieux souvenir. Encore trois heures, et mes yeux vont voir ces lieux bénis que Marie a regardés avec tant d'amour ; mes pieds vont toucher cette terre sur laquelle ont reposé ses pieds augustes, et dont elle a ensuite effleuré le vert gazon *sans courber la cime de l'herbe* (1). Je vais baiser avec respect comme les traces de ses pas ; mon cœur va battre tout près de cette fontaine où le cœur de la divine Vierge s'est montré débordant de la plus touchante sollicitude, de la plus maternelle tendresse. O bonheur ! ô bonheur ! c'est ma mère, ma mère du ciel, c'est elle que je vais, en quelque sorte, voir et entendre ; c'est ma mère

_____

(1) Récit des deux enfants.

du Calvaire que j'avais perdue si longs siècles avant que je visse le jour, et dont je
vais sentir, toucher, pour ainsi dire, la
douce présence dans le souvenir si récent
encore de son Apparition à la Salette.

Ah ! si j'avais eu jadis le précieux avantage « d'être mené par le divin Jésus, avec
» Pierre, Jacques et Jean, sur cette haute
» montagne où *ce Fils adorable de Marie* se
» transfigura *devant ces trois disciples privi-*
» *légiés* (1) ; » et si, en la gravissant, j'avais
su quel allait être mon bonheur, est-ce
que je n'aurais pas senti mon cœur battre
plus vite que d'ordinaire? Est-ce que je
n'aurais pas été tout ému de l'approche
d'une telle faveur?... Il est vrai, là-haut ce
n'est pas la Transfiguration glorieuse de
l'Homme-Dieu que je vais bientôt contempler ; ce n'est pas même de la gloire éblouissante de Marie que je vais être le témoin
privilégié, comme le furent les deux bergers de la Salette, le 19 septembre 1846 ;
mais je vais y trouver des suites manifestes
et bien consolantes de cette Apparition :
une fontaine qui coule miraculeusement, et

(1) Matth., XVII, 2.

qui opère des miracles; un magnifique
sanctuaire dont la gratitude et la dévotion
des fidèles ont fait .les frais immenses; de
nombreux et frappants témoignages de l'in-
tervention divine en faveur du culte de
Notre-Dame-de-la-Salette; une atmosphère
de piété, un je ne sais quoi d'indéfinissable
dont tous les pèlerins s'accordent à dire
qu'il n'est pas possible de méconnaître l'influence.

Jadis, sur le Thabor, avec Jésus transfi-
guré, apparurent Moïse et Élie s'entrete-
nant avec ce divin Sauveur de la Passion et
de la mort qui devaient terminer sa vie mortelle (1). Là-haut, je ne verrai ni n'entendrai Elie ou Moïse ; mais je contemplerai
les blanches croix qui, en marquant les pas
de la divine Mère des douleurs, retracent
aux yeux le souvenir du chemin suivi depuis le Prétoire jusqu'au Calvaire par « l'A-
» gneau de Dieu, chargé des péchés du
» monde (2) ; » j'entendrai comme un écho
puissant de tout ce qu'a dit la Très-Sainte
Vierge, et de tout ce que, sans le dire, elle
a fait si bien comprendre par ses larmes,

(1) Luc, IX, 31.—(2) Is., LIII, 6;—Jean, 1, 29.

par la croix, le marteau, les tenailles, la chaîne, qui formaient sa parure, la chaîne, dont elle est enlacée pour nous lier avec elle, d'un amour indissoluble, à l'instrument sacré de notre rédemption et de notre salut. Et, devant ces souvenirs si touchants, mêlés à la transfiguration céleste de la Mère du Calvaire, trop éclatante pour des yeux mortels, certes je pourrai bien m'écrier avec Pierre, tout ravi, tout hors de lui-même sur le Thabor : « Oh! qu'il fait bon être » ici (1)! »

Oui, vraiment, c'est ici comme un nouveau Thabor, c'est le Thabor de la divine Marie. Tout ici va me parler d'elle, de son incompréhensible douleur au pied de la croix, de sa tendresse, de son dévoûment, de ses soins plus que maternels, de sa compassion pour son peuple, de son indicible amour pour son Fils, de sa soif du salut des âmes, de son incomparable zèle pour les intérêts de Dieu, de sa grandeur, de son pouvoir, de sa gloire céleste; tout va me parler d'elle si éloquemment, que je ne pourrai que dire et redire, avec le Prince

_____

(1) Luc, IX, 33.

4

des Apôtres : « Oh! qu'il fait bon être ici ! »
Comment en serait-il autrement, si je fais
l'ascension de la sainte Montagne avec un
peu de foi et d'amour ; si dans ma poitrine
bat un cœur d'enfant pour la divine Mère;
si dans mon intelligence brille un rayon,
un seul rayon de cette lumière surnaturelle
qui répand un jour si consolant sur les mys-
tères de Jésus et de Marie, dont les noms
sacrés sont si doux et si tendres, si doux à
invoquer, à louer et à bénir? Non, il ne me
serait pas possible, je le sens, de gravir
sans une émotion profonde le Thabor de la
Palestine, la sainte montagne de la Transfiguration de Jésus; comment pourrais-je
gravir insensible la sainte Montagne de
l'Apparition de Marie, qui, par tant d'endroits, me rappelle cette grande et mémo-
rable scène où Moïse et Élie, dans leur en-
tretien avec Jésus, parlaient de sa Passion
et de sa mort au milieu de la manifestation
éclatante de sa divine gloire (1).

Que mes pensées et mes sentiments s'élèvent donc à mesure que mes pas s'élèveront
au-dessus des régions que je vais quitter

(1) Luc, IX, 31.

pour monter vers le saint lieu, qui est l'objet vénéré de mon pèlerinage, et qui deviendra, je l'espère, le doux objet de mes souvenirs et de mes affections !

O mon Dieu, daignez « disposer dans mon » cœur, selon la parole du roi-prophète, » comme des degrés pour m'élever au lieu » que je me propose d'atteindre (1); » ô Marie, qui avez sans cesse « marché de » vertu en vertu, jusqu'à ce que vous ayez » atteint la vision *béatifique* du Dieu des » Dieux dans la Sion *céleste* (2), » aidez-moi, comme une mère aide son enfant, à sanctifier tous mes pas dans l'ascension de la Montagne que vous avez consacrée par votre Apparition glorieuse !

2o Sur le plateau de l'Apparition.

Je touche enfin au but désiré de mon pieux voyage, me voici sur ce plateau devenu si célèbre dans le monde catholique par l'Apparition de la Très-Sainte Vierge.

(1) Ps., LXXXIII, 6, 7. — (2) *Ibid.*, 8.

Pour qui sera mon premier hommage?
pour celle, sans doute, qui est comme la
Reine auguste de ces lieux..... Non, oh!
certes non, elle ne l'agréerait pas, et ma foi
ni mon cœur ne sauraient me le permettre.

« Il y a ici plus que le *prophète* Jonas, plus
» que *le roi* Salomon (1), » plus, infiniment
plus que Marie elle-même. Ici réside Jésus,
oui, le divin Jésus en personne. Marie n'a
fait qu'y apparaître une fois, et peu de
temps ; et le divin Jésus, depuis déjà bien
des années, y réside constamment, jour et
nuit, dans le mystère si merveilleux de
l'Eucharistie. Le Maître, le véritable Roi du
lieu, c'est Lui ; c'est pour lui préparer cette
nouvelle résidence, et pour y conquérir les
cœurs à son divin amour, que Marie est venue ici fonder ce saint pèlerinage en plein
jour et en plein soleil, et imprimer à son
origine un caractère céleste dont l'éclat au-
thentique resplendit jusqu'au Nouveau-
Monde.

Oui, c'est pour Jésus que Marie, du haut
de cette montagne si élevée, a voulu, en
quelque sorte, faire entendre plus au loin,

---

(1) Matth., XII, 41, 42.

et jusque dans les vallées les plus écartées
et les plus profondes, sa voix si douce et si
puissante; c'est pour le faire honorer, aimer, et non pas elle-même; c'est pour gagner à lui, et non à elle, ou plutôt à lui, par
elle, tous ceux qui ne fermeraient pas l'o-
reille du cœur à son tendre appel; c'est pour
lui, pour sa gloire et son amour, qu'elle a
fait entendre des plaintes, des reproches,
des menaces, des promesses; pour sa gloire
et son amour, qu'elle a recommandé la récitation de l'Oraison dominicale et de la Sa-
lutation angélique; c'est pour lui et pour
étendre son règne sur les âmes, qu'elle a
aussi versé d'abondantes larmes. Le divin
Jésus n'est-il pas (il l'a dit lui-même),
« le principe et la fin (1)? » N'est-il pas le
centre de tout, n'est-il pas « tout en
» tous (2), » tout en Marie, qui sans lui ne
serait rien, et qui ne reçoit nos vœux et nos
prières que par rapport à son divin Fils, et
comme tendant à lui, et nous faisant tendre
à lui nous-mêmes? Si nos vœux et nos
prières s'arrêtaient à elle, Marie les re-
pousserait comme une préférence impie de

---

(1) Apoc., I, 8. — (2) Coloss., III, 11.

la créature au Créateur, ou comme un oubli sacrilége de Celui qui seul est Tout, et par qui seul elle est tout ce qu'elle est.

O Jésus, c'est donc à votre saint autel que je vais d'abord : ma foi et mon cœur m'y portent avec entraînement, avec une grande douceur. Oh! je n'aurai garde de méconnaître le sens, le but catholique de mon pèlerinage : c'est pour vous que je suis venu, c'est à vous que je vais offrir mon premier hommage, un hommage d'adoration, de gratitude et d'amour; c'est pour vous ensuite que j'irai visiter la fontaine miraculeuse; c'est pour vous que j'irai vénérer tous les lieux que Marie a consacrés par sa royale et céleste présence; c'est vous que j'écouterai dans ses paroles : ainsi le veut-elle, ainsi ferai-je sous ses auspices bénis.

C'est sous ces mêmes auspices que j'entre dans votre divine résidence, ô vous que j'ai eu le bonheur de rencontrer déjà dans toutes les cités, dans toutes les bourgades que j'ai eu à traverser : partout, oui, partout vous avez offert à ma foi et à mon amour la consolante réalité de votre présence sacramentelle; et maintenant que j'arrive en ce lieu, jadis si désert, c'est encore vous que je trouve tout d'abord, vous qui faites le charme de mon intelligence et le ravissement de mon cœur. O mon Jésus! que vous êtes bon! je voudrais passer les jours et les nuits, la vie entière à vous le redire! Ah ! si je pouvais comprendre ce que je vous dois! si je pouvais « bien apprécier le don *de mon* » *Sauveur et de mon Dieu* (1)! » comme la lampe qui brûle sans cesse devant votre saint autel, et qui, elle, ne connaît pas son bonheur, je voudrais consumer tout mon être à vous adorer, à vous louer, à vous bénir, à vous remercier, à vous aimer ; quand je serais forcé de m'éloigner de vous, mon esprit et mon cœur resteraient attachés à votre saint Tabernacle, comme « vous l'êtes » vous-même à moi par la plus ineffable » tendresse (2); » quand je m'éveillerais la nuit, ma première pensée volerait vers vous, mon premier sentiment s'élancerait vers vous, solitaire adorable, amené à « *notre* vallée de larmes (3) » par un prodige d'amour qui confond l'intelligence humaine.

(1) Jean, IV, 10. — (2) Deutér., X, 15. — (3) Ps., LXXXIII, 7.

O mon Dieu, donnez-moi donc une foi
vive, bien vive ; donnez-moi votre amour,
mais un amour ardent et généreux, un
amour qui me fasse répondre à votre amour
« de tout mon esprit, de tout mon cœur,
» de toutes mes forces (1) ; » et, au pied
du saint Tabernacle, je commencerai mon
ciel sur la terre. O Marie, qui avez tant aimé Jésus dans la divine Eucharistie ; qui
dans ce sacrement, si merveilleux, avez
puisé la force de vivre encore après que
l'humanité adorable de Jésus était montée
au séjour de la gloire, obtenez-moi de placer en ce délicieux mystère toute ma consolation ici-bas, toujours, toujours jusqu'à
l'heure du saint viatique, qui fait si heureusement franchir la redoutable limite de ce
monde et de l'autre monde.

3o A la fontaine (2).

Voilà le témoin miraculeux et perpétuel
de la descente bien plus miraculeuse en-

(1) Marc, XII, 30.
(2) La petite statue qui est près de la fontaine a

core de la Reine des cieux sur notre terre
de France; voilà à droite et tout à côté de
cette source, jadis, et de temps immémo-
rial, intermittente, aujourd'hui continue depuis plus de douze ans, voilà où gisait la
pierre sur laquelle Marie a apparu, d'abord
assise, la tête dans ses mains, tristement
penchée sur ses genoux; voilà le petit bas-
sin, dont l'eau brave aujourd'hui les cha-
leurs caniculaires, et dans lequel, alors
complètement à sec, reposaient ses pieds
sacrés, quand la grande clarté, plus éblouissante que le soleil, s'entr'ouvrit soudain et
laissa voir aux deux enfants étonnés, trem-
blants, *Notre-Dame-de-la-Salette*, c'est-à-
dire Notre-Dame-de-Douleur, Notre-Dame-
de-Pitié, et en même temps Notre-Dame-
de-Gloire et de majesté presque divine.

été donnée par un pauvre ouvrier de Lyon. Sa
femme venait d'être guérie par Notre-Dame-de-la-
Salette; dans sa vive reconnaissance, n'ayant que
vingt sous à sa disposition, il en acheta un billet
de loterie, avec l'intention, s'il gagnait un lot, de
l'offrir à Marie sur la sainte Montagne... Son billet
gagna cette petite statue; et lui, tressaillant de
bonheur, s'empressa d'en faire hommage à la Sainte
Vierge.

O Marie, jamais me suis-je senti si près de vous ? Est-il bien vrai que je touche la terre que vous avez touchée ; que je m'agenouille près de l'humble trône que vous vous êtes choisi dans ce lieu solitaire ; que je puisse baiser ici, avec respect et amour, comme « l'escabeau de vos pieds (1) ? » Oh ! oui, cela est bien vrai. Quelle grâce !..... Comme je me sens proche du ciel en ce lieu !..... Montagnes qui m'environnez, montagnes gigantesques qui portez vos têtes sublimes jusque dans les nues, ah ! je n'ai rien à vous envier : que dis-je ? c'est vous qui m'envieriez mon bonheur, si vous le pouviez connaître !

Oh ! que mes attaches naturelles les plus légitimes se dénouent aisément ici, se délient avec douceur, pour céder l'empire à quelque chose de plus saisissant et de plus élevé ! Parents, amis, toutes choses terrestres plus ou moins aimées innocemment, je ne cesse pas d'être pour vous ce que je dois, mais vous ne m'êtes plus, dans ce moment, que comme un lointain presque inaperçu, absorbé que je suis par la

(1) Ps., CVIII, 5.

pensée de la grande scène muette et si
solennelle qui a consacré cette source merveilleuse ; qui, lui donnant l'abondance
continue qu'elle a fidèlement gardée depuis,
et en lui communiquant une vertu mysté-
rieuse, supérieure à toute explication naturelle, en a fait un témoin perpétuel du miracle de l'Apparition. Non, je ne tiens plus,
ce me semble, à la terre ; mon esprit monte
vers les régions sublimes d'où Marie est
ici descendue ; mon cœur prend comme les
ailes de l'aigle pour planer par-dessus tout
ce que j'ai laissé au-dessous de moi en gravissant ce mont sacré, qui a été l'heureux théâ-
tre du message miraculeux de la Reine des
anges ; et toute mon âme demeure attachée,
fixée à ce spectacle inouï de la divine Mère de
Jésus assise, au milieu de son incomparable
gloire, sur une pierre nue, dans l'attitude
grave et majestueuse d'une douleur profonde.

Ma Mère, oh ! ma Mère (laissez-moi oublier un instant votre grandeur de Reine et
de Reine des cieux), ma Mère chérie, qu'est-
ce donc ? Pourquoi vous montrez-vous ici
sous l'aspect d'une sombre tristesse ? N'ê-
tes-vous pas, au ciel, toute inondée d'une
joie inaltérable ? N'est-il pas écrit que là-

haut « il n'y a plus ni deuil, ni plaintes, ni
» douleur, et que Dieu y essuie toutes les
» larmes (1)? » Eh! quoi! serait-il vrai
que ma malice et mon ingratitude auraient
eu le triste pouvoir de troubler votre im-
perturbable bonheur?... Elle ne répond
rien ; mais la gloire céleste qui l'environne,
dont les rayons scintillants projettent autour d'elle des gerbes étincelantes d'une lumière qui efface même celle du soleil, me
disent assez qu'elle ne fait que revêtir ici
les apparences d'une mère affligée, acca-
blée sous le poids de la douleur, comme
l'ange de Tobie « semblait manger, alors
» qu'il se nourrissait de l'aliment invisible
» *de la béatitude* (2).» — Au milieu de cette
gloire, de cet éclat, ce spectacle d'une affliction et d'une douleur qui ne sauraient
pénétrer dans son âme, ni en troubler aucu-
nement l'invariable sérénité, doit m'apprendre à m'affliger moi-même, jusqu'au fond
du cœur, à la pensée des péchés incessants
et scandaleux qui souillent la terre ; et apprendre aussi aux aveugles auteurs de ces
péchés quel est leur ingrat et criminel ou-

(1) Apoc., XXI, 4. — (2) Tob., XII, 19.

bli de la Passion et de la mort du Fils, et
du martyre de la Mère. Le jour de l'Apparition n'était-il pas la veille de la fête des
douleurs de Marie? l'heure, celle des premières Vêpres de cette solennité? Et, au
moment où Marie se lève pour adresser la
parole aux deux enfants, ne vois-je pas
briller sur son cœur les insignes de la Passion, le marteau, les tenailles, la croix?
Quelle image! Quel souvenir « pénétrant
» comme un glaive jusqu'aux dernières pro-
» fondeurs de l'âme (1)! »

Ah! je n'ai plus besoin de vos touchantes
paroles, Mère divine, Mère de douleur,
Mère de pitié; vous voir, vous regarder
avec l'œil de la foi, « l'œil du cœur (2), »
c'est assez vous entendre. Et certes, il me
semble pouvoir vous le dire, ce ne sera pas
moi qui fermerai l'oreille à ce que vous me
prêchez si éloquemment, même avant d'ouvrir la bouche pour laisser tomber de vos
lèvres augustes et sacrées les solennelles
paroles de votre message. Non, non, je n'ai
nul besoin d'ouïr; j'ai vu, j'ai assez vu pour
comprendre, sentir, et ne pas oublier. O

(1) Hébr., IV, 12. — (2) Ephés., I, 18.

5

Passion et mort de mon Jésus, n'êtes-vous pas mille et mille fois suffisantes pour détruire tout péché, pour rendre impossible toute ingratitude de l'homme envers son Créateur et son Rédempteur? Et vous, notre divine Mère, vous, Reine des martyrs, vous qui, au pied de la croix, avez plus souffert, ah! bien plus que la mort, se peut-il que vos enfants vous contemplent sur le Calvaire sans éprouver l'impérieux besoin de ne plus outrager les douleurs incomparables d'une Mère, « en foulant aux pieds le Fils de Dieu, *qui est son Fils* (1)? » Hélas! hélas! par un prodige inexplicable de la malice humaine, cela se peut, et la Passion et la mort d'un Dieu ne suffisent pas pour mettre fin à nos criminelles offenses. » O Mère » de miséricorde, ô Vierge aussi clémente » que puissante (2) » par « le sang précieux de ce *Fils bien-aimé*, de cet Agneau sans » tache (3), » faites-le cesser ce prodige.

4o A la première Croix blanche, lieu du discours.

« Avancez, n'ayez pas peur, dit Marie aux

(1) Hébr., X, 29. — (2) *Salve Regina.* — Litanies. — (3) I Pier., I, 19.

» deux enfants, après s'être levée; je suis
» ici pour vous conter une grande nouvel-
» le : » paroles dont les premières rappellent celles que, d'ordinaire, les messagers
célestes adressent aux faibles mortels que
leur présence saisit tout d'abord d'effroi, et
dont les autres rappellent les expressions
de saint Jean l'Évangéliste au sujet de la
mission du Fils de Dieu sur la terre : « Il
» est venu nous conter *ce qui était caché*
» dans le sein du Père (1). » A ces mots,
les enfants avancent sans crainte, et Marie,
de son côté, fait quelques pas vers eux, le
long du ruisseau Le Sézia, jusqu'à l'endroit
que je vois ici marqué par cette première
croix blanche; et là, elle leur adresse le
discours si connu, mais si digne de mes
sérieuses méditations; si simple à la fois et
si élevé; si grave et si doux; si maternel et
si royal; si naïf et si plein de grandes choses; si bien fait, en un mot, pour éveiller,
pour fixer l'attention de tous les esprits,
pour émouvoir tous les cœurs.

Silence donc, mon esprit, et toi, mon
cœur, silence; écoutez, dans le recueille-

(1) Jean, I, 18.

ment le plus profond, la grande nouvelle
qui vient du ciel : les hommes refusent de
se soumettre....; et à qui? A leur Créateur,
à leur Sauveur : en face de Celui qui a sur
eux tous les droits possibles, ils s'arrogent
insolemment des droits, eux qui, créés et
rachetés, n'ont que des devoirs de dépen-
dance et de gratitude; ils blasphêment le
saint nom de Dieu; ils profanent le saint
jour du dimanche; ils manquent de respect
pour le saint Sacrifice; ils méprisent et vio-
lent scandaleusement le saint temps du Ca-
rême; ils font ainsi une sorte d'apostasie
publique de Dieu, de Jésus-Christ et de
son Église : c'est pourquoi des châtiments
temporels inouïs vont frapper leurs récol-
tes et leurs enfants. Mais s'ils se convertis-
tissent, prodigieuse sera l'abondance des
fruits de la terre... A quoi Marie ajoute
qu'il faut matin et soir dire au moins le
Pater et l'*Ave*; et, si on en a le temps, réciter une plus longue prière.

Mais quoi! ô divine Marie, est-ce donc là
toute la *grande* nouvelle que vous venez nous
conter?... Oui, certes, n'est-elle pas assez
grande, assez étonnamment grande pour qui
sait la comprendre? Mon Dieu, qu'y a-t-il

donc de plus *nouveau* que de voir la Reine
des cieux descendre, du haut de sa gloire,
sur notre terre ingrate et souillée, pour mon-
trer aux hommes, aveuglés par les passions,
le bras de la justice divine levé sur leur tête
coupable et prêt à les frapper! Qu'y a-t-il
de plus *nouveau* que d'entendre cette auguste
Reine formuler, à l'oreille de son peuple, qui
ne veut pas se soumettre, l'arrêt qu'elle voit
écrit là-haut, et dont sa prière incessante a
pu seule, jusqu'à ce jour, faire suspendre la
redoutable exécution? Qu'y a-t-il de plus *nou-*
veau que les fléaux mystérieux qui sont an-
noncés si l'on refuse de faire pénitence; tellement mystérieux, qu'ils ont mis à bout toutes
les investigations de la science humaine? Qu'y
a-t-il de plus *nouveau* que de voir un peuple
chrétien descendre au niveau du peuple juif,
et tellement abâtardi, qu'il faut, pour le ré-
générer, des punitions et des récompenses
temporelles? Qu'y a-t-il de plus *nouveau*
que de voir ce peuple s'obstiner à méconnaître de quel pouvoir suprême il relève,
et avoir besoin que la Très-Sainte Vierge
vienne elle-même lui demander au moins
l'hommage quotidien du *Pater* et de l'*Ave?*
S'est-il donc rencontré un autre peuple

chrétien si malade et si fort éloigné du
grand remède à tous les maux, la prière,
qu'il ait fallu lui recommander de verser
chaque jour au moins deux gouttes dans
« le vase d'or des parfums de prières qui,
» dans *le ciel*, est présenté devant le trône
» de l'Agneau divin (1)? »

Mais qu'y aurait-il de plus nouveau maintenant, de plus inexplicable, de plus la-
mentable, que de voir ce même peuple fermer l'oreille à une telle voix; un tel malade ne pas sentir encore son mal, et continuer son ivresse spirituelle, son égarement
intellectuel et moral, surtout quand les an-
nonces comminatoires de Marie se sont
réalisées de manière à ouvrir les yeux aux
plus aveugles, et à réveiller « les cœurs les
» plus assoupis (2)? » Eh! quoi, nous de-
meurerions insensibles aux reproches, aux
menaces, aux promesses, aux larmes d'une
mère? Et de quelle mère!... Ne semble-t-
elle pas nous prendre par tous les côtés
pour nous émouvoir et nous gagner à Dieu?
Oui, elle pleure, dès le début de son discours jusqu'à la fin, elle pleure..... Mais

(1) Apoc., V, 8. — (2) Luc, XXI, 34.

ces larmes miraculeuses, elle ne les verse
pas pour épancher, par les yeux, une douleur, une affliction de mortelle à laquelle
son cœur de Bienheureuse demeure néces-
sairement inaccessible; elle les répand ici
pour ajouter à la puissance de sa parole la
puissance, en quelque sorte irrésistible, des
pleurs d'une mère sur le cœur d'un enfant
bien né. Ah! si j'avais le malheur de me
sentir indifférent aux reproches, aux menaces, aux promesses, aux larmes de ma
Mère du ciel, je me croirais le plus indigne
des hommes; je me ferais horreur à moi-
même; je m'écrierais, entraîné par la voix
de ma conscience : Hommes qui détestez
les ingrats et les mauvais cœurs, le voilà le
plus coupable de tous; pour lui vous n'aurez jamais assez d'anathêmes!

Mais non, ô ma Mère, ô ma douce et très
douce Mère, non, non, je ne veux pas
vous résister; je serai heureux, au contraire, de vous céder avec tout l'empresse-
ment d'un cœur touché, plein de reconnaissance et de filiale tendresse. Ah! s'il est des
cœurs qui aient le triste courage de ne pas
vous céder, que je les plains; les malheureux, ils n'ont donc plus de mère au ciel,

ou du moins « ils la renient par le fait (1) ; »
et qu'en sera-t-il de ces infortunés volon-
taires, qui se réduisent à ne pouvoir plus
dire en regardant les cieux : Mon Père !...
ma Mère !... Pour moi, que Dieu en soit à
jamais béni, je veux me nourrir dorénavant
du pieux souvenir de vos paroles et de vos
pleurs ; je veux mêler mes larmes aux vôtres sur mes infidélités, mes ingratitudes,
mes irrévérences, mes négligences, et sur
toutes celles de mes frères ; désormais, je
veux avoir pour le nom adorable de Dieu
tout le respect dont je suis capable, sanctifier de mon mieux le jour sacré du dimanche, assister au saint Sacrifice avec tout le
recueillement, toute la ferveur dont je serais pénétré si je voyais, des yeux du corps,
ce que je contemple par les yeux infailli-
bles de la foi ; je veux observer avec toute
l'exactitude d'une âme vraiment fidèle l'absti-
nence et les jeûnes prescrits par l'autorité
divine de la sainte Église ; je veux user de
mon influence pour faire pratiquer par les
autres ce que je me promets bien sincère-
ment de pratiquer moi-même ; j'emploierai

_____

(1) Tite, I, 16.

mes soins à offrir au Seigneur réparation,
amende honorable, expiation pour les offenses des pécheurs ; je ferai de la prière,
ainsi que de la sainte fréquentation des sacrements, la nourriture de mon âme, me
souvenant « qu'il faut prier toujours et ne
» jamais se lasser (1), » et que la prière est
le plus bel apanage de l'homme comme la
plus douce consolation habituelle de la vie
chrétienne. Ce sont là mes désirs, mes sin-
cères dispositions, ce me semble ; mais vous,
ô Mère chérie, tendrement chérie, vous,
dont les paroles me les inspirent, prenez-
les, je vous en supplie, sous l'aile bénie de
votre protection, et faites, par votre intercession si puissante et si dévouée, que mes
désirs se réalisent, et que mes dispositions
soient couronnées par la persévérance.

5o Au même lieu du discours.

C'est donc ici qu'a retenti cette voix céleste, cette voix plus qu'angélique, cette
voix si douce, si suave, si merveilleusement

(1) Luc, XVIII, 1.

mélodiéuse, que rien dans la nature, rien
dans l'art humain ne saurait en offrir aucune espèce de ressemblance (1). Ah! ces
sons presque divins, cet écoulement ravis-
sant des flots d'harmonie des cieux, ver-
sants fleuris de ces montagnes qui avez été
assez heureux pour les recevoir, pas assez
pour en jouir, que ne pouvez-vous me les
rendre, au moins en échos affaiblis, expi-
rants!.... Mais que fais-je, ô Marie? ne m'a-
vez-vous pas laissé mieux, bien mieux que
l'écho affaibli de la mélodie céleste de votre
voix? Ne m'avez-vous pas laissé des paroles qui vivent encore, qui respirent quelque
chose de si tendre, de si touchant, de si profondément sentimental, qu'il y a du bonheur
à méditer, à goûter, à savourer le charme
d'émotion dont vous les avez imprégnées, et
qui fait jaillir du cœur cette exclamation:
Vraiment il y a des pleurs, des pleurs sur-
humains jusque dans vos paroles?

« Depuis le temps que je souffre pour
» vous!...» Oh! quel reproche si vif, si pénétrant, et pourtant si doux! Aurais-je un

(1) *Pourquoi je crois à l'Apparition de la Salette*, p. 19.

cœur, surtout un cœur d'enfant pour Marie, si je ne me sentais pas percé de ce trait jusqu'au fond des entrailles?... Mais quoi! permettez que je le redise, ô ma Mère, se peut-il que réellement vous souffriez, et pour nous, et depuis longtemps?... O bonne Mère, dites-moi donc, dites-moi bien vite que ce n'est pas, que ce ne peut être ; rappelez bien vite à mon cœur, trop malheureux, que le funeste pouvoir de notre malice et de notre ingratitude envers Dieu et envers vous, quelque grand qu'il soit, ne saurait aller jusqu'à vous faire souffrir dans le sens que notre pauvre langage humain attache à ce terme ; et que, en vous exprimant de la sorte, vous ne voulez que nous faire sentir toute la laideur du péché, telle à vos yeux qu'elle vous causerait une incomparable douleur, si la douleur au ciel était possible.

Mais cela va-t-il suffire pour consoler mon cœur d'enfant aux pieds de cette divine Mère, qui, dans son ineffable tendresse, lui fait, par une exclamation si plaintive, une blessure si profonde? Hélas! non, mille fois non : comment pourrais-je être consolé, quand je suis membre de ce peuple dont

l'insubordination, les blasphêmes, les pro-
fanations publiques du saint jour, les irrévérences scandaleuses pendant l'acte religieux le plus auguste, le plus saintement
redoutable, les violations ouvertes, réflé-
chies des saintes lois de l'Église, la négli-
gence, l'oubli incroyable de la prière ren-
draient notre divine Reine, notre céleste
Mère malheureuse, cruellement malheureuse, si, au sein de l'éternelle béatitude,
elle pouvait l'être? O Mère incomparable,
que je ne me console donc plus; que le trait
si vivement, mais si tendrement acéré de
votre discours demeure à jamais enfoncé
dans mon cœur, et qu'il me porte sans
cesse « à pleurer *de plus en plus* sur moi, »
et sur ceux qui refusent « de pleurer sur
» eux-mêmes (1); » qu'il me porte à travail-
ler, de tout mon pouvoir, à diminuer de jour
en jour le nombre des prévarications qui
vous ont portée vous-même à faire entendre
de si navrantes paroles... Mais qu'il me
soit permis, toutefois, de faire distiller
sur ma blessure le baume céleste que les
suivantes recèlent.

(1) Luc, XXIII, 28.

« Vous avez beau prier, beau faire, ja-
» mais vous ne récompenserez la peine que
» j'ai prise pour vous. » Oh! quel appel,
quel doux appel, quel appel délicieux fait
au cœur de vos enfants! La séraphique
sainte Thérèse disait au divin Jésus : « Oh!
» que vous savez bien être ami (1)! » Et
moi, j'aime ici à vous dire : Oh! que vous
savez bien être mère! que vous savez bien
le chemin du cœur! que vous savez bien le
toucher, le saisir, l'attirer, le gagner par le
plus doux sentiment! Oh! non, si bonne et
si tendre Mère, non, jamais nous ne vous
rendrons la millième, la millionième partie
de ce que nous vous devons. Pour nous
vous avez enduré *tant de peine*, et dans le
sens le plus vrai, le plus étendu, le plus
fort du terme ; tant de peine au Calvaire!
Pour nous vous avez sacrifié si généreusement ce que vous aviez, ce que vous pouviez
avoir de plus cher au monde : vous avez
donné plus, infiniment plus que votre vie,
en adhérant, avec un amour inexprimable
pour Dieu et pour les hommes, à l'immola-
tion sanglante de votre divin Jesus, et en

(1) *Vie de sainte Thérèse*, ch. XXV.

ne mourant pas sous l'étreinte d'une incompréhensible douleur, quand votre doux Jésus, sur une croix et sous vos yeux, expirait!... Et depuis, que de tendres soins, que d'actes de protection, de préservation, dignes de la sollicitude maternelle la plus vigilante, la plus affectueuse, la plus assidue, la plus constante!... Oh! oui vraiment, si, sur la terre, avant votre Assomption glorieuse, vous eussiez fait pour nous ce qu'au ciel vous n'avez cessé de faire jusqu'à ce jour, comme cela s'appellerait justement *une peine indicible prise pour nous!* et que grande est votre bonté d'emprunter à notre langage terrestre, pour mieux toucher le cœur de vos enfants, la forme la plus expressive, la plus capable de provoquer les pleurs du repentir, de la gratitude et du tendre amour!

Mais, si je vous dois tant, ô Marie, que ne dois-je pas à Jésus, qui, par vous, m'a fait jusqu'ici tant de bien? Et, si je suis condamné à demeurer insolvable envers vous, envers lui combien plus à tout jamais le serai-je? — N'importe, je ne me laisserai pas décourager par mon impuissance; mon cœur en souffre, mais il n'en est point abat-

tu : tout au contraire, voulant au moins
s'acquitter dans la petite mesure de son
pouvoir, il s'emploiera, il se dépensera tout
entier pour procurer la gloire et l'amour du
Fils par la gloire et l'amour de la Mère; il
y épuisera ses efforts, tout ce qu'il a de sentiment et de vie, jusqu'à ce que sonne sa
dernière heure.

6o Encore au même lieu.

Il est tombé des lèvres augustes de Marie
d'autres paroles bien simples, mais pleines
de sens et d'onction : « Faites-vous bien
» votre prière, mes enfants? Ah! mes en-
» fants, il faut bien la faire, soir et matin;
» quand vous ne pouvez pas faire autre-
» ment, dites seulement un *Pater* et un *Ave*
» *Maria.* »

Ainsi, la prière quotidienne, la prière
du matin et du soir mérite toute notre attention : il ne suffit pas de la faire, *il faut
la bien faire;* Marie me le dit avec une exclamation touchante, qui me dénote assez
le prix qu'elle y attache, le vif désir qu'elle

a de faire entrer cet avertissement bien
avant dans mon cœur ; le prix d'une prière
bien faite est tel, dans sa pensée, qu'elle va
jusqu'à se contenter, quand le temps presse,
d'un *Pater* et d'un *Ave*, qui, respectueuse-
ment dits, pieusement, avec foi et amour,
ont certes bien plus de valeur qu'une longue prière récitée avec précipitation, sans
recueillement et sans ferveur.

Quelle idée me suis-je fait de la prière
jusqu'à ce jour? Ai-je bien compris cette
vérité si honorable et si consolante, que
prier c'est se mettre en relation directe et
intime avec « le Roi des rois (1) ; » que
c'est faire acte de noble et de grande créature, qui a le droit sublime d'entrer en
communication avec son adorable majesté ;
que prier en état de grâce, c'est *bien prier*,
c'est rendre au Seigneur l'un des plus glorieux devoirs qu'il puisse agréer de la part
de l'homme sur la terre, après l'hommage
d'un prix infini que lui rend l'Homme-
Dieu dans le mystère eucharistique. Oui,
quand l'homme s'agenouille devant le Très-
Haut, quand il prosterne son âme plus en-

(1) Dan., II, 37.

core que son corps en sa très auguste présence, c'est « le roi de la création terres-
» tre (1), » portant en soi « l'image et la
» ressemblance de Dieu *même* (2), » qui fait
de ce qu'il a de plus noble, de plus élevé,
de plus grand (l'intelligence et la volonté)
un libre hommage à l'excellence infinie du
Créateur, à son infinie majesté, à sa puissance, à sa sagesse, à sa bonté infinies, à son
suprême domaine sur les esprits comme sur
les corps; et, dans cet hommage, éclate la
sublimité de cette profonde parole de l'É-
criture : « La puissance de Dieu est seule
» grande, et les humbles l'honorent (3). »
— Et quand ce roi de la création terrestre
se trouve uni à l'Homme-Dieu, par la grâce
sanctifiante, comme « le sarment est uni à
» la vigne (4), » quand il est ainsi « un
» membre *vivant* de son corps (5), » cet
hommage prend un caractère surnaturel, il
participe des mérites infinis du Sauveur,
de la dignité infinie de sa nature humaine
déifiée ; et alors, il y a dans la plus courte
prière *bien faite* quelque chose de si grand,

(1) Ps., VIII, 7, 8.—(2) Gen., I, 27.—(3) Eccli.,
III, 21. — (4) Jean, XV, 5. — (5) Éphés., V, 30.

que ma foi s'en étonne, adore, admire et
bénit Celui qui a honoré l'homme du pri-
vilége de la prière, de l'éminente préroga-
tive de la prière véritablement chrétienne.
Hélas ! comment se fait-il donc que cet immense honneur soit si peu estimé, tandis
que nous sommes naturellement si ambi-
tieux, si jaloux de nous élever, de nous
agrandir, en apparence, aux yeux de nos
semblables, par de vaines distinctions qui
trompent les seuls regards du vulgaire
ignorant, et que nous le soyons si peu de
nous élever par la prière, de nous agrandir en réalité devant Dieu et devant ses
Anges ? Ne croyons-nous pas, ne savons-
nous pas « qu'en nous humiliant *aux pieds*
» *du Seigneur*, nous montons *véritable-*
» *ment* (1), » nous montons jusqu'au trône
de sa gloire ; et que l'union surnaturelle
avec Jésus-Christ, « en qui nous sommes
» entés par le baptême (2), » fait couler en
nous une sève céleste, « une vie divine (3), »
qui communique à tous nos actes religieux
une sublimité inexprimable ?...

(1) Jac., IV, 10. — (2) Rom., VI, 4, 5. —
(3) Éphés., IV, 18.

O ma Mère, soyez donc bénie de m'avoir donné lieu de considérer, à ce point de vue, la valeur de la prière, de la prière *bien faite*. Puissé-je, toutes les fois que j'aurai l'honneur de prier Dieu, m'y préparer comme à un grand acte de ma vie chrétienne, m'étonnant de pouvoir « parler à » mon souverain Seigneur, moi, cendre et poussière (1), » et plus encore de pouvoir lui être agréable, et attirer sur mon humble hommage « les regards bienveillants » de son *adorable* majesté (2). » Mais soyez encore bénie de ce que vous relevez aux yeux de ma foi le prix du *Pater* et de l'*Ave*. Ah! ces deux courtes prières sont donc si belles devant Dieu, qu'elles suffiraient, à la rigueur, pour quiconque·n'aurait pas le temps d'en dire davantage. Et comment pourrais-je m'en étonner, quand je sais que l'une est l'œuvre de Jésus lui-même, que c'est une prière littéralement divine; et que l'autre est l'œuvre de l'ange saint Gabriel, de la sainte Mère du Précurseur, et de la sainte Église?... Le *Pater*, c'est un

(1) Gen., XVIII, 27. — (2) Eccli., XXXIV, 15, 19 ; — Is., III, 8.

merveilleux abrégé de tous les actes de religion : il répond à tous les devoirs qu'il faut rendre au Seigneur, à tous les sentiments qu'il faut lui offrir, à toutes les demandes qu'il faut lui adresser, à tous les besoins, à tous les désirs légitimes!... L'*Ave Maria*, c'est un acte de foi catholique (nulle bouche hérétique n'a le bonheur de le réciter); c'est un acte de foi sur l'Incarnation, sur la Rédemption, sur l'unité de personne en Jésus-Christ, sur la puissance admirable de ses mérites, qui ont fait de Marie une Vierge immaculée, une Mère de Dieu, une Mère inviolable, une Reine des anges et des hommes, une Avocate des pécheurs pendant la vie et à l'heure de la mort. Que d'autres cherchent des formules humaines pour vous louer et vous invoquer, ô Marie; pour moi rien ne m'est plus doux que de vous redire ce que le Messager divin vous a dit; de vous louer par les louanges qu'il vous a données, et que vous a données après lui votre sainte cousine Élisabeth; et de vous implorer par l'humble et pieuse invocation que l'Église ajoute à ces mêmes louanges.

Mais plus doux encore, ah! bien plus

doux m'est-il de dire et de redire le touchant, le sublime, le divin *Pater*. Les paroles qui le composent ne sont pas seulement celles d'un ange, ou d'une sainte, ou de l'Église ; ce sont les paroles de mon Dieu : oui, c'est de lui que je tiens la formule dans laquelle il veut être prié ; ce ne sont pas seulement des paroles respectables, pieuses, saintes, ce sont des paroles adorables ; quand j'ai le bonheur de les prononcer, sur mes lèvres passe donc une prière qui est passée jadis sur les lèvres de mon Jésus, et de laquelle découlent une vertu secrète, une force, une onction qui n'ont pas de semblables. Vous l'avez dite et redite, ô Marie, cette divine prière, qu'ont dite aussi et redite les apôtres, les martyrs, les confesseurs, les vierges, tous les saints et toutes les saintes de la nouvelle alliance ; mais avec quelle piété, quel respect, quelle foi, quelle confiance, quel amour ! Ah ! s'il m'était donné d'avoir part, en la récitant, aux sentiments qui, sur la terre, animaient votre cœur immaculé, votre cœur rempli, « comblé de grâce (1), » que je rendrais à

(1) Luc, I, 28.

Dieu un bel hommage! Le sacrifice de mes lèvres « monterait *suave* comme l'encens en » présence du Seigneur (1); » et ma prière deviendrait puissante, féconde, merveilleusement fructueuse...... Oh! faites, faites donc qu'il en soit ainsi; que mon cœur désire ardemment tout ce que ma bouche demande, et qu'il s'efforce de se rendre digne de l'obtenir. Toutes les fois que je dirai le *Pater*, je veux que ce soit en union avec vous; et l'*Ave*, en union avec l'Ange, avec sainte Élisabeth, avec la sainte Église. Je veux que mon respect, mon attention pieuse, ma ferme et vive confiance égalent, en moi, le désir de rendre à Dieu ce que je lui dois, et à vous aussi ce que je vous dois, ô Mère « de mon Dieu et de votre Dieu (2)!...» Mais je n'aurai garde de me contenter de prier le matin et le soir : la prière est la respiration de l'âme, puissé-je donc vivre, en quelque sorte, de prière! puisse surtout mon dernier soupir être une dernière prière *bien faite*, et s'exhaler en pur amour dans le sein de mon Père céleste, sous les auspices sacrés de ma céleste Mère!!!

(1) Ps., CXL, 2. — (2) Jean, XX, 17.

7o **Au chemin suivi par Marie après le discours.**

Après le discours, Marie traverse le *Sézia*, et gravit en glissant sur la cime
de l'herbe, sans la courber, le versant
gauche du ruisseau par des sinuosités
qui facilitent aux deux enfants l'ascension
naturellement raide en ligne droite. Oh!
l'heureuse pensée d'avoir établi la touchante et si fructueuse dévotion du *Chemin
de la Croix* sur les traces des pas miraculeux de celle qui porte sur son cœur les
insignes de la Passion et de la mort du
Sauveur Jésus! Ce fut elle, dit la tradition,
qui, dans l'Église naissante, à Jérusalem,
inaugura cette sainte pratique si chère à la
piété, en parcourant, avec des sentiments
que jamais créature humaine n'a eus et
n'aura jamais, les différents lieux témoins
des scènes si émouvantes et si instructives
de ce grand drame, dont le dénoûment fut
la mort sanglante de son divin Fils; c'est
elle qui semble avoir voulu ici, par sa marche sinueuse, rappeler les stations diverses
de la Passion du Sauveur mené d'abord

chez Anne, puis chez Caïphe, puis chez
Pilate, puis chez Hérode, puis encore chez
Pilate, puis enfin au Calvaire ; et avoir voulu, en même temps, consacrer ce lieu au
tendre et pieux souvenir des douleurs, des
ignominies, de la mort d'un Dieu pour les
hommes. Pourrais-je m'empêcher de suivre
avec émotion, avec amour, le chemin que
me montre la divine Marie ? Pourrais-je ne
pas coller mon cœur, avec mes lèvres, aux
pas de cette Vierge « bénie entre toutes les
» femmes (1), » de cette Reine auguste,
de cette Mère de douleur, si bonne, si ai-
mante, si tendrement dévouée ?

Mais, quel cœur il faudrait pour suivre
dignement les pas de la Très-Sainte Vierge !
Quel cœur pour suivre, avec elle, les pas
du divin Jésus, du Prétoire au Calvaire ?
Oh ! je ne me le sens pas ce cœur digne du
vôtre, ô ma Mère ; mais le vôtre n'est-il
pas à moi, et ici plus que partout ailleurs ?
Ah ! c'est donc avec votre cœur saintement,
divinement enflammé pour Jésus, que je
ferai les stations après vous : mes sentiments faibles, languissants, trop tièdes,
hélas ! même sur cette terre où tout parle

(1) Luc, I, 28.

d'amour, tout le demande, tout l'excite, je les enflammerai dans les vôtres ; et si je ne puis mieux faire, je m'unirai si étroitement à votre cœur maternel, que je pourrai en quelque sorte faire du mien, par le vôtre, une digne offrande au Sauveur souffrant, au Sauveur humilié, « rassasié d'opprobres (1), » au Sauveur expirant sur la croix pour mes péchés.

Un Dieu souffrant, un Dieu humilié, un Dieu expirant pour moi !... Oh ! qui me donnera de comprendre et de sentir tout ce que cela veut dire ? Que la plaie du péché, la plaie de « l'orgueil, source de tout pé- » ché (2), » est donc large et profonde ! Le remède ne donne-t-il pas ici la mesure du mal ?... Mais que la plaie de l'ingratitude humaine est profonde aussi ! Quoi ! un Dieu a fait cela pour nous guérir, nous sauver : un Dieu !... et nous pouvons ne pas l'aimer, ne pas consacrer notre vie à lui dire : Amour, amour, qu'avez-vous fait ? Je vois du sang, du sang, toujours du sang, depuis Gethsémani jusqu'au Golgotha, et du sang qui ne ressemble à aucun autre sang de la terre ; je vois des fouets, des épines,

(1) Jérém., Lament., III, 30. — (2) Eccli., X, 15.

des crachats sur un visage que les anges adorent, une robe d'insensé pour revêtir la Sagesse incréée, un vieux lambeau de pourpre, un vil roseau pour insigne de la majesté du Roi des rois ; je vois des clous, un marteau, une croix : ah! cachez-moi donc votre ouvrage ; mon cœur succombe à ce spectacle..... Mais tout n'est pas fini avec le dernier soupir de la victime : je vois, après sa mort, une lance inhumaine qui transperce son côté : cruel soldat, tu ne veux donc pas qu'il reste une seule goutte de ce sang adorable dans l'adorable corps de mon Sauveur et de mon Dieu!... Mais que dis-je? Que fais-je? ah! je me plains de mon bonheur : c'est cette lance qui m'ouvre le cœur sacré de mon Jésus, afin que je puisse y « fixer ma demeure (1), » lui dire là, sans cesse et cœur à cœur, tout ce que je sens pour lui, tout ce que je voudrais pouvoir sentir et lui donner, en retour de son incompréhensible charité, de son amour extrême, « porté à l'excès (2) : » saint Paul a osé le mot, et saint Paul écrivait sous la dictée de l'Esprit-Saint.

(1) Ps., CXXXI, 14. — (2) Ephés., II, 4.

Vous m'avez donc trop aimé, ô bon et doux Jésus ! Oui, mille et mille fois trop, non pas pour mes besoins (ma misère est si grande, qu'à peine cet amour extrême, excessif, me touche assez, me gagne assez à vous); mais vous m'avez trop aimé en aimant de la sorte un pécheur, un indigne, un ingrat. Ah! lui, pourrait-il jamais vous aimer trop? vous aimer assez? Lui, se contentera-t-il de vouloir n'être plus pécheur, indigne, ingrat? et ne demandera-t-il pas à toute créature intelligente et sensible de lui prêter sa pensée, pour vous mieux contempler dans votre excès de charité; son cœur, pour vous aimer avec plus de reconnaissance, plus d'ardeur, plus de dévoûment, plus de larmes d'admiration, de louange et de vive tendresse?

O mon Dieu! mon Dieu, sentir ce que l'on vous doit, et se voir, en même temps, hors d'état de s'acquitter même selon l'étendue si bornée de son désir... Quelle accablante, quelle cruelle impuissance! Mais c'est votre gloire que je la reconnaisse, cette impuissance, et que je demeure comme anéanti sous le poids écrasant de votre inénarrable amour; et votre gloire c'est mon

bonheur. Ma Mère, ma divine Mère du Calvaire, vous aussi, quelque vaste que fût votre grand cœur, n'avez-vous pas eu à reconn-
naître votre impuissance et à vous anéantir?
Avec vous, et en union intime avec votre
cœur si agréable à Dieu, je reconnais donc
la mienne, et je demeure tout anéanti dans
le silence de l'adoration la plus profonde.

**8o Au troisième degré de la Chapelle de l'As-
somption, lieu de la disparition de la Très-
sainte Vierge.**

Voilà enfin le saint lieu où la divine Vierge, pendant qu'elle s'élevait en l'air, a regardé le ciel, ensuite la terre, du côté de
Rome (1); et puis a disparu peu à peu aux

(1) J'avais écrit à la supérieure des religieuses car-
mélites de Darlington, en Angleterre, pour la prier
d'interroger la sœur Marie de la Croix (*Mélanie*),
sur cette circonstance. D'après la réponse de la
jeune sœur, qui m'a été transmise mot à mot, par
une lettre de 29 avril 1859, la sainte Vierge, pendant qu'elle s'élevait, a regardé le ciel, puis la terre
de *deux côtés différents*, que la jeune bergère ne fut

yeux des enfants pour remonter au séjour
glorieux d'où elle était descendue. Quel
souvenir! quelle leçon! quel appel à mes
pensées et à mes sentiments! Rome, Rome
la nouvelle Jérusalem de la terre; la nouvelle « cité de Dieu (1); Rome, la tête et le
cœur de l'Église, le centre de la vérité, de
la vie catholique, la source intarissable de
cette eau surnaturelle qui étanche la soif de
l'esprit et la soif du cœur, et « qui jaillit
» jusqu'à la vie éternelle (2), » dans le regard inexprimable de Marie vers toi, il y
avait, sans doute, encore une dernière
larme sur les malheurs qui allaient bientôt
te rendre veuve de ton suprême Pontife,
et te livrer aux mains impies des méchants;
mais aussi que d'amour, quel amour ineffable dans ce même regard! Oh! moi aussi,

pas d'abord à même de désigner par des noms propres, cela va sans dire. Quand, après l'Apparition,
Mélanie revint sur la montagne, et qu'elle eut in-
diqué aux personnes qui l'entouraient *les deux côtés différents*, on reconnut que le premier regard
avait été du côté de l'Italie, et le second, du côté
de l'Angleterre.

(1) Ps., LXXXVI, 3.—(2) Jean, IV, 14.

« des yeux du cœur éclairés *par la foi* (1), »
je te regarde avec une filiale tendresse, et
j'aime à te dire, dans l'effusion de mon âme :
« Que je m'oublie moi-même si jamais je
» pouvais t'oublier (2), » si je pouvais jamais te devenir infidèle !

Mais, après ce regard d'amour vers toi,
comme Marie et avec Marie je regarde le
ciel où cette divine Mère est ici remontée.
Le ciel ! oh ! quel mot !... le ciel, ma patrie ;
le ciel, mon espérance ; le ciel, l'objet, le
terme de tous mes vœux, de tous mes efforts ; l'aspiration de tout mon être, de toute
mon existence ; le ciel, pour lequel j'ai été
crée, pour lequel je suis sur la terre, pour
lequel le Seigneur m'a donné tout ce que je
suis, tout ce que j'ai reçu et reçois tous les
jours de sa libéralité infinie ; le ciel, où la
Très-Sainte Vierge m'attend, et mon Dieu
lui-même pour me faire partager un incompréhensible bonheur ! Richesses, plaisirs,
honneurs, que me voulez-vous donc ? Vous,
l'incessante pâture de l'illusion des mon-
dains, qui souffrent faim et soif du souverain bien pour lequel ils sont faits, et qui

(1) Ephés., I, 18. — (2) Ps., CXXXVI, 5.

ne jettent à leur faim que quelques miettes empoisonnées, qui ne versent à leur soif que quelques gouttes trompeuses des eaux troublées ou fétides d'un vil sensualisme, encore une fois que me voulez-vous donc? Vous n'êtes pas faits pour moi ; je ne suis pas fait pour vous ! Je suis trop grand pour descendre jusqu'à vous ; vous êtes trop bas pour monter jusqu'à moi, destiné à une gloire et à une félicité divines ! Mais ne vous plaignez pas de mon dédain ; je vous traite comme Jésus vous a traités, comme vous a traités Marie ; je pense de vous ce que Dieu en pense, « je vous mesure à sa mesure in- » *faillible* (1) ; » en face de vous, je m'estime ce que Dieu veut que je m'estime : un noble citoyen du ciel ; un noble « concitoyen » des saints ; un *noble* membre de la famille » divine (2), de qui la terre n'est pas di- » gne (3) ; » un noble enfant de Dieu et de l'Eglise ; dont les pensées et les sentiments doivent monter, monter sans cesse jusqu'à ce qu'il aille vivre là-haut, éternellement,

(1) II Cor., X, 13. — (2) Ephés., II, 19 ; — I Pierr., IX, 17. — (3) Hébr., XI, 38.

de lumière et d'amour, d'inaltérable lumière et de parfait amour.

Ah! je comprends maintenant pourquoi Marie a voulu choisir cette montagne si élevée, pour y apparaître et y attirer des pèlerins innombrables : elle est en tout la copie fidèle du divin Jésus ; et du divin Jésus le pape saint Grégoire a dit que « ses » actes sont un enseignement aussi bien » que ses paroles (1); » elle a donc voulu, en nous faisant monter ici, nous apprendre à nous élever au-dessus des basses régions de la terre, vers le ciel offert à nos désirs, promis à nos aspirations et à nos efforts; et aussi à sentir ce que nous sommes par le baptême, ce que nous valons ; à fouler aux pieds ce qui est indigne de notre ambition, pour diriger vers un plus noble but nos affections, nos vues, nos tendances, notre impatiente activité, nos plus précieuses espérances. Et, en ne disparaissant que peu à peu aux regards attentifs des deux bergers, ne nous donnait-elle pas encore un enseignement salutaire? Ah! j'aime à voir dans cette circonstance l'image de ce détache-

(1) Homél. 17, *in Évangelia.*

ment progressif par lequel nous devons successivement nous déprendre de tout ce qui est corruptible et passager ; en faire disparaître la fausse appréciation dans notre esprit, pour en détruire le fallacieux amour dans notre cœur, et devenir, suivant la belle expression de saint Paul, « des » hommes spirituels (1), » qui s'envolent enfin au séjour « où il ne peut rien entrer » que de pur (2), » et vers lequel « ne peut » monter, dit saint Ambroise, que ce qui » est dégagé de tout poids étranger (3). » Il n'est pas jusqu'à cette traînée lumineuse que Marie laisse après elle en disparaissant, où je n'aime à voir l'emblème du doux et pur éclat des vertus chrétiennes que nous devons laisser après nous à ceux qui nous survivent, comme un sillon de lumière qui leur montre le chemin de la vraie gloire, de la vraie fortune, de la vraie félicité, par lequel ils doivent nous suivre.

O Marie, après votre disparition, les petits bergers se disaient, dans leur ignorante naïveté : « Si nous avions su que ce fût une » grande sainte, nous lui aurions dit de nous

(1) Galat., VI, 1.—(2) Apoc., XXI, 27.—(3) Serm. *Depositionem.*

» mener avec elle. » Ah! ce qu'ils ne sa-
vaient pas, moi je le sais. Que dis-je? Je
sais que vous êtes bien plus qu'une grande
sainte, que vous êtes la plus sainte de toutes les créatures, la Reine de tous les
saints. Et je sais aussi, je sais trop bien que
cette vie n'est pas une vie, si on la regarde
du côté du ciel ; qu'elle est remplie de dé-
ceptions, de mécomptes, de gémissements,
de pleurs de l'intelligence et du cœur, de
dangers de se perdre, d'incertitudes cruelles
pour l'âme chrétienne, qui se demande,
avec anxiété, mais toujours vainement, si
elle est bien avec son Dieu ; « qui craint de
» l'offenser, et qui ne sait pas si elle l'of-
» fense (1). » Ah ! je vous dirai donc, dans
toute l'ardeur de mon âme : Menez-moi
avec vous, ô ma tendre Mère ; de grâce, prenez-moi ; je n'ose vous dire : Prenez-moi au
ciel (j'en suis encore si indigne, j'ai tant à
réparer, à expier) ; mais prenez mes pensées, prenez mes sentiments, faites-les monter après vous ; prenez mes désirs, prenez
mes aspirations, prenez toute ma faculté
de connaître, de vouloir et d'agir ; « atti-

_____

(1) Ste Thérèse, *XVIIe Élévation*.

» rez-moi par l'odeur de vos parfums (1); »
prenez mon cœur, tout mon cœur, pour le
donner à Jésus sans réserve et sans retour !
Et, quand je serai assez purifié, que j'aurai
assez réparé, assez expié, oh ! alors, *menez-
moi avec vous*, prenez-moi avec vous, faites-
moi entrer, avec vous, au Paradis, afin
qu'avec vous j'adore, je loue, j'aime éternellement votre divin Fils.

On dit, ô ma Mère, qu'un pieux pèlerin
de la Terre-Sainte, après avoir visité avec
une ardente dévotion tous les lieux consacrés par les ignominies et les souffrances
du Sauveur, étant arrivé enfin au Calvaire,
y expira d'émotion et d'amour. Quel doux
trépas, quelle mort bienheureuse, et si digne d'envie ! Pour moi, je n'ai pas eu la
consolation de visiter les lieux saints de la
Palestine ; mais je viens de les parcourir
en esprit, en suivant le sentier marqué par
ces blanches croix, qui en rappellent le
touchant souvenir ; et je viens aussi de suivre, de mes propres pas, vos pas vénérés,
jusqu'à ce lieu d'où vous êtes remontée au
ciel. Ah ! si l'émotion et l'amour ne m'ô-

(1) Cant., I, 3.

tent pas cette vie qui n'est, au reste, « qu'une » sorte de longue mort (1), » que, du moins, tout ce qui est trop terrestre en moi, tout ce qui est trop humain meure ici, expire pour ne plus revivre ! Que, du moins, toutes mes ardeurs naturelles changent ici de direction et prennent leur cours, leur élan vers le ciel, où est mon doux Jésus, dans la manifestation de toute sa gloire, où vous êtes, ma douce Mère ; que tout mon être cède à votre si suave et si puissante attraction, et que désormais « ma conversation » soit dans les cieux (2), » en attendant que j'aie l'incomparable bonheur d'y entrer sous l'aile de votre maternelle protection, pour y « voir la lumière dans la lumière de » Dieu *même*, et m'y enivrer du torrent de » ses *ineffables* délices (3) ! »

9o Adieux à la Salette.

Pourquoi faut-il, hélas ! quitter, sans retour peut-être, ces lieux bénis ? Pourquoi

(1) St Grégoire, pape, homélie 37, *in Évangelia.*—(2) Philipp., III, 20.—(3) Ps., XXXV, 9, 10.

faut-il descendre de cette sainte montagne,
où l'on se sent, pour ainsi parler, plus près
de Dieu, plus près du ciel, vers ces régions
inférieures où s'agitent et se choquent
bruyamment les intérêts et les passions des
hommes; où l'âme, comme le corps, respire un air moins pur, moins vital; et où les
soins, les affaires, les préoccupations, le
flux et reflux perpétuel des choses de la
terre pèsent sur la pensée, émoussent le
sentiment, alourdissent l'élan chrétien vers
« la cité permanente (1), » vers la patrie
éternelle? « Il fait si bon être ici (2)! »
L'esprit y est serein; le cœur, si doucement dilaté, si tranquille; l'enveloppe cor-
porelle, plus légère, ce semble! Ici l'on
voudrait vivre, ici l'on voudrait mourir.....
Mais le divin Maître nous veut ailleurs, par-
tons : il ne s'agit pas, pour le chrétien, de
goûter la consolation même la plus pure; il
s'agit d'accomplir la volonté de Dieu, « d'en
» faire sa nourriture (3), » de vivre et de
mourir en pouvant dire à toute heure : « Je
» fais ce qui lui est agréable (4). »

(1) Hébr., XIII, 14. — (2) Matth., XVII, 4. —
(3) Jean, IV, 34. — (4) Jean, VIII, 29.

7

Toutefois, lieux chéris que bientôt je ne verrai plus, il ne m'est pas défendu de regarder en arrière en vous quittant, ni de vous dire des adieux prolongés. Non, non, Celui qui nous a faits, et qui sait mieux que nous ce que nous sommes et ce qui nous est salutaire, ne nous demande rien de trop, ne nous impose pas de privations qui amoindrissent notre bien spirituel : or, ici un sentiment indéfinissable de sainte attache et de pieux regret me retient, me domine à tel point, qu'à moins de me violenter outre mesure, je ne saurais m'éloigner de vous sans vous regarder encore une fois, sans vous saluer encore avec autant d'amour que de respect.

Une dernière fois j'irai donc revoir ce que j'ai vu avec tant de douceur et de consolation. Et d'abord, je vais comme prendre congé de Celui qui, le premier, a reçu mon humble hommage de pèlerin... O Jésus, me voici prosterné devant votre majesté adorable, plein de reconnaissance pour toutes les grâces que vous avez daigné me départir sur cette sainte Montagne, par la précieuse intercession de votre divine Mère. Vous avez béni mon arrivée, vous avez béni mon

séjour, bénissez mon départ ; bénissez le
fruit spirituel que j'emporte de ce saint pèlerinage ; ah ! gardez-moi, je vous en supplie,
gardez-moi contre les embûches des enne-
mis de mon salut ; gardez-moi contre moi-
même, contre ma faiblesse, ma fragilité,
mon inconstance ! gardez mes résolutions,
mes dispositions meilleures, mon désir de
tendre continuellement au grand but de
mon existence : à votre gloire et à la sanctification de mon âme. C'est dans votre divin cœur si bon, si compatissant, si indul-
gent, si tendre, si aimant, si incomparable-
ment suave dans son amour, que, par les
mains bénies de la Vierge immaculée, de
Notre-Dame-de-Pitié, de Notre-Dame-de-
Douleur, de Notre-Dame-de-la-Salette, je
dépose le fruit de mon pèlerinage comme
une offrande qui n'est pas de moi, mais qui
vient de vous, puisqu'elle est née des mérites de votre sang, et que c'est vous qui avez
daigné verser dans mon âme tous les heureux sentiments dont elle est pénétrée.
Pour vous j'étais venu ; pour vous je pars,
bien déterminé à être désormais l'homme
de la grâce et non de la nature ; à vivre « de

» la vie de Dieu (1) ; » à juger de toutes
choses comme vous en jugez ; à fuir tout ce
qui vous déplaît ; à aimer, sans exception,
tout ce que vous aimez...

Et maintenant, ma dernière visite à la
fontaine, au rivage du *Sézia*, à la berge ver-
doyante consacrée par les pas de la Très-
Sainte Vierge, à la chapelle de l'Assomption, pour raviver tous mes sentiments, et
lui en confier encore une fois la persévérance, l'accroissement dans mon cœur.

Puis, quand j'aurai baisé respectueuse-
ment, pour la dernière fois, le lieu d'où
cette divine Mère est remontée au ciel;
quand, une dernière fois, je l'aurai invo-
quée pour l'Église, pour la France, pour ma
famille, mes parents, mes amis, pour tous
ceux qui m'ont demandé un souvenir à ses
pieds, ou à qui je le dois à quelque titre
que ce puisse être, j'irai prendre le chemin
du retour à mes devoirs d'état, au poste que
le Seigneur m'a assigné dans la vie ; je des-
cendrai les flancs escarpés de la montagne,
emportant avec moi plus qu'un souvenir, un
cœur embaumé du parfum de piété douce

(1) Éphés., IV, 18.

que l'on respire ici, dont personne ne peut se défendre. Oui, je sens en moi quelque chose qui n'y était pas quand je suis venu ; et ce quelque chose me restera, j'en ai la douce confiance. Un vase qu'a touché une liqueur précieuse, n'en conserve-t-il pas longtemps l'émanation odorante ? Oh ! je l'espère, ici la rosée céleste de la grâce n'aura pas coulé dans mon âme sans y laisser pour longtemps, longtemps (et plaise à Dieu pour toujours !) le suave parfum de sa divine influence.

Oui, je reviendrai à ma demeure, à mes parents, à mes amis, à tous ceux que je dois chrétiennement appeler les miens, plein du pieux souvenir de la Salette, plein de zèle pour les intérêts et la gloire de mon Dieu, particulièrement pour l'extirpation du blasphème, pour le repos et la sanctification du dimanche, pour le respect de l'adorable mystère de l'autel, pour l'observation des lois pénitentiaires de la sainte Église ; plein de zèle pour la réparation des offenses continuelles qui sont faites au Seigneur par tant de pécheurs qu'égare un aveuglement déplorable, me souvenant que ce Dieu tant outragé daigne agréer, avec une bonté ineffable, le moindre témoignage de notre religieux dévoûment, et même le simple désir de faire pour lui ce qui n'est pas en notre pouvoir ; plein de zèle enfin pour le pèlerinage qui m'a fait tant de bien, et pour la dévotion envers Notre-Dame-de-la-Salette...

Adieu donc, lieux vénérés et chéris, je m'en vais, mais mon esprit et mon cœur vous restent ; je ne saurais vous oublier jamais !... Adieu, mais non pour toujours ; ah ! je sens en moi le désir, le besoin de revenir, au moins une fois, avant que le déclin de l'âge, précipitant son cours, vienne m'annoncer le soir de la vie et ses dernières ombres. Ce désir, ce besoin de mon cœur, puisse-t-il m'être donné de les satisfaire ! Puissé-je revenir ici pour placer « le jour » et l'heure (1) » de mon départ de ce monde sous le patronage tout spécial de Notre-Dame-de-la-Salette ; de celle qui me rappelle si vivement la grande scène du Calvaire, où elle a si bien appris à compatir aux mourants ; de celle qui peut si bien m'obtenir la grâce « de m'endormir dans le » Seigneur (2) » sur mon lit de mort,

(1) Matth., XXV, 13. — (2) Act. des Ap., VII, 59.

comme un enfant dans les bras de son doux père, pour passer au délicieux réveil de l'éternité bienheureuse ! — Ainsi soit-il !!!

DESCRIPTION

DE L'ÉGLISE DE LA SALETTE

EXTRAITE

D'UNE LETTRE ÉCRITE PAR M. L'ABBÉ S.-M. VIARD,

Missionnaire apostolique, Chan. hon. d'Arras,

A L'OCCASION DU 12ᵉ ANNIVERSAIRE DE L'APPARITION,

*Et publiée dans l'*Univers, *le 3 oct. 1858.*

———⟨∘⟩———

« L'église, qui est une véritable cathédrale, a trois portes romanes, qui toutes s'ouvrent dans le portail ; elle sera surmontée d'une tour en pierre, d'un très bon goût et fort élevée. Les colonnes de l'église sont cylindriques et lisses ; les bases reproduisent la base antique. Les filets, les scoties et les tors sont du plus pur roman ; les angles sont ornés de griffes ou feuilles contournées ; la corbeille est de forme cubique et munie de volutes et de feuillages uniformes imités du corinthien. On a supprimé les chapiteaux historiés, et cela est tout à la fois conforme au style adopté et à la pensée sérieuse qui doit présider à l'auguste ba-

7..

silique. J'ai entendu blâmer la faiblesse de ses contreforts ; je tiens ici à rendre hommage à M. Ber-
nier, habile architecte de Notre-Dame-de-la-Salette.
Dans le style roman, il n'y a guère de contreforts
proprement dits ; les pilastres extérieurs servent
plus à décorer qu'à soutenir l'édifice ; on ne trouve
guère que des piliers engagés et légèrement en
saillie sur les murs. Du reste, l'épaisseur des murs
et la qualité parfaite de la pierre n'exigeaient pas
autre chose pour la solidité que ce qui a été fait.
L'église a sept travées ; elle est entièrement construite dans le genre roman ornementé ; il ne reste
plus à terminer maintenant que les voûtes de la
nef et la tour. L'abside, moins élevée que la voûte
principale, est percée par trois fenêtres ornées de
verrières ; les teintes en sont douces et s'harmo-
nient parfaitement entre elles, et, pour le dire en
passant, c'est par la crudité des tons qui se heur-
tent violemment que pèchent la plupart de nos verrières modernes : le choix des couleurs n'est point
assez étudié ; on vise à l'effet et l'on ne trouve que
le mauvais goût. Le vitrail du milieu représente
l'Immaculée-Conception : la Vierge a les mains
croisées sur la poitrine ; elle écrase de ses pieds
victorieux un serpent qui se tord en expirant. Le
Saint-Esprit, sous la forme d'une colombe, les ailes
ouvertes pour indiquer qu'il remplit la vierge Marie de la plénitude de la grâce, est placé au sommet du nimbe ovale qui environne celle qui sera un
jour Mère de Dieu. Autour du nimbe, on lit les

paroles prophétiques : *Tota pulchra es et macula non est in te.* La verrière de droite est dédiée à sainte Anne ; la figure de la sainte est très douce et d'un grand fini de dessin. Elle tient entre ses mains une banderolle où on lit : *Benedicta tu in mulieribus.* Le vitrail de gauche renferme l'archange Gabriel ; il tient d'une main le lis virginal, et de l'autre il déploie une bande légèrement agitée où se dessinent gracieusement les paroles : *Ave, gratia plena.* Il y a encore trois autres verrières en forme de rosaces qui se trouvent placées au-dessus du plein cintre qui s'élève en avant de l'abside du chœur et des deux chapelles collatérales. La rosace du côté de l'épître représente la sainte Vierge, assise et pleurant ; les petits bergers, étonnés, se lamentent : c'est une admirable composition, et le mot n'est point hasardé ; il y a de la vie, du mouvement et des teintes très heureuses. La rosace du milieu est occupée par la sainte Vierge au moment où elle raconte son secret aux enfants. Enfin, le sujet de la troisième a été pris dans la scène dite de l'Assomption, au moment où la Vierge s'élève pour disparaître. Il y a dans ce vitrage des vues de montagnes d'une grande fraîcheur et d'une vérité frappante. Les sujets des trois rosaces sont environnés d'une guirlande de fleurs variées, aux couleurs éclatantes. Nous désirons vivement que les verrières de la nef soient confiées au même artiste, et, s'il nous était permis de donner un avis, nous souhaiterions de voir figurer les portraits de

Mgr Philibert de Bruillard et de Mgr Ginoulhiac
dans de belles compositions qui rapelleraient la
première messe pontificale en plein air, et la con-
sécration de l'église. Dans les deux chapelles collatérales dédiées, l'une à saint Joseph et l'autre à
saint Philibert, il y a de magnifiques autels en
marbre blanc. L'autel majeur (1) est fait par un célèbre artiste d'Angers ; on a pu le voir à l'Exposi-
tion universelle ; il coûtera plus de 30,000 fr. Les
appuis de communion sont faits en pierres polies
des Chaillons ; cette pierre, d'une teinte jaune,
ressemble à du granit. L'abside, à l'extérieur, sera
environnée d'un cloître qui s'ouvrira sur un préau :
vue du sommet du Plateau, elle offre un aspect délicieux. Les verrières, dont on distingue parfaitement les dessins, les grandes lignes noires de l'é-
glise qui tranchent sur le vert du Gargas, tout
concourt à donner à cette vue un effet très pitto-
resque. A droite, se trouvent les bâtiments pour
les hommes, et à gauche ceux pour les femmes.

---

(1) L'autel majeur actuel n'est que provisoire ; mais la statue qui est
derrière sera conservée.

M. de Rey de Garidel, de Marseille, alla, au mois de juillet 1849,
en pèlerinage à la Salette. A quelques cents pas du sanctuaire, la selle
de sa monture s'étant rompue, il fut renversé, et roula à plus de trente
pieds, sur une pente escarpée et rocailleuse. Il aurait pu rester sur le
coup ; mais il en fut quitte pour de nombreuses contusions, dont il gué-
rit au bout de trois jours. Dans sa reconnaissance, il envoya, pour le
19 septembre suivant, troisième anniversaire, cette belle statue de la
Vierge. (*Note de l'auteur.* — Voir *Nouveaux Documents*, etc., par
M. l'abbé Rousselot, p. 119.)

Ces constructions romanes tiennent à l'église. Les fenêtres sont encore décorées par la coupe particulière des pierres : leur aspect donne à l'édifice un caractère sérieux et très bien approprié à l'Apparition. La disposition intérieure des bâtiments est fort commode : il y a une quantité de cellules pour les pèlerins. On aurait pu peut-être donner un peu plus de largeur aux escaliers : c'est un point essentiel dans les maisons habitées par un personnel nombreux. Outre l'église et les bâtiments des pèlerins, on a encore élevé au lieu où la sainte Vierge est montée au ciel un petit bâtiment dit de l'Assomption. Cette construction quadrangulaire est également d'architecture romane. Elle est ouverte de trois côtés ; et elle a une abside où se trouve un autel en marbre blanc, magnifique *ex-voto* des dames de Grenoble. Au-dessus des corbeilles des colonnes principales, il y a deux autres colonnes chargées d'enroulements qui supportent un fronton couronné par une croix romane d'un dessin parfait. Les quatre façades sont parallèles : seulement la façade principale est ornée de sculptures en forme de rosaces, au centre de chacune desquelles se trouve une lettre de l'*Ave Maria.* »

FIN.

LIMOGES. — IMP. DUCOURTIEUX ET Cⁱᵉ.

OUVRAGE DU MÊME AUTEUR :

POURQUOI JE CROIS A L'APPARITION DE LA SALETTE, in-12 d'environ 200 pages, *seconde édition, revue, corrigée, augmentée de notes importantes*. — Paris, chez Victor Sarlit, libraire-éditeur, rue Saint-Sulpice, 25.

www.ingramcontent.com/pod-product-compliance
Lightning Source LLC
Chambersburg PA
CBHW060600100426
42744CB00008B/1259